智慧教育丛书

读懂学生的课程 II

单留玉 等著

中原出版传媒集团
中原传媒股份公司

大象出版社
·郑州·

图书在版编目(CIP)数据

读懂学生的课程. Ⅱ/单留玉等著. — 郑州：大象出版社, 2021.1
ISBN 978-7-5711-0678-2

Ⅰ.①读… Ⅱ.①单… Ⅲ.①课程-教学研究-小学 Ⅳ.①G622.3

中国版本图书馆 CIP 数据核字(2020)第 124916 号

读懂学生的课程 Ⅱ
DUDONG XUESHENG DE KECHENG Ⅱ

单留玉 等著

出 版 人	汪林中
策 划	梁金蓝
责任编辑	连 冠
责任校对	牛志远
装帧设计	王 敏

出版发行	大象出版社(郑州市郑东新区祥盛街27号 邮政编码450016)
	发行科 0371-63863551 总编室 0371-65597936
网 址	www.daxiang.cn
印 刷	新乡市豫北印务有限公司
经 销	各地新华书店经销
开 本	720 mm×1020 mm 1/16
印 张	13.5
字 数	161 千字
版 次	2021年1月第1版 2021年1月第1次印刷
定 价	38.00 元

若发现印、装质量问题，影响阅读，请与承印厂联系调换。
印厂地址 新乡县翟坡镇兴宁村
邮政编码 453000 电话 0373-5635065

作　者

闫　彦　　张丽娟　　陈　琳　　穆桂鹤

刘丹丹　　徐　颖　　胡翠翠　　鲍筱薇

查爱红　　杨慧君　　姚　方　　张萌珂

陈　欣　　单留玉　　宋　君　　肖陶然

李小辉　　王　宁　　陈　冉

以学生的视角完整地认识世界

带着学校领导对我的信任，承载着所有参与智慧课程同事们的努力，我为这本记录我们课程历程的书写序，十分荣幸。

拿起笔来，脑海中出现的是一次次我们共同研讨的经历，一次次的集体教研，数不清的在办公室里的问题研讨，有过争执，但更多的是共鸣；有过辛苦和泪水，但更多的是看到学生在课程中受益后的欣慰。从课程的筹备到现在已经走过的两年里，在我们前行的路上并不孤独，我们都记得单校长经常微笑着鼓励我们"学校会大力支持你们，不要有负担，放手去做"时脸上那深深的酒窝；还记得宋校长经常在我们有困惑时对我们说"咱们在做，在真正的实施就是进步，因为我们敢于迈出第一步"时那坚定的眼神；还记得肖书记手托着下巴专注聆听我们谈论问题，凝神思考后给出建议时的优雅姿态；还有学校"梧桐树下一家人"微信群中同事们发来的一篇篇启发思考的文章……

有许多人问：到底是什么让你们如此坚定地进行智慧课程的研发和实施呢？我想答案只有一个——学生的需要。作为一线教师的我们或许都经历过以下的场景，课堂上语文老师教"太阳"这两个字时，孩子们就会说出太阳是红红的、圆圆的，老师会随手在黑板上用红色粉笔画出一个太阳，还会讲一些有关太阳的知识。这时下面有一个学生说："老师好像美术老师！"还有学生说："不对，像科学老师。""不对，像数学老师，因为她说太阳是圆圆的，是形状！"

由此，我们不难发现小学生们认识世界的方式是从感知事物的整体开始的，然后渐渐感知事物的各个部分。脑科学研究指出，脑是以整合的方式而非分散的方式对知识进行加工的，知识越整合就越易于学习。所以学生们不明白也不习惯于接受将完整的主题割裂成碎片化分到各个学科来讲述，缘于此，我们将每天下午的课程以主题的形式固定下来，将智慧课程尽可能完整地呈现给学生们，通过一个个符合自然规律的季节课程，一次次符合时间顺序的节日课程等学生们喜欢的活动形式，和学生们一起俯下身子以孩子们的视角完整地认识世界。

这本书就是这样一本真实的书，虽然我们还有很多需要提升的地方，但我们相信读者能从本书中看到我们实践育人的模式，会在智慧课程之路上看到一串串不断前行的足迹。

闫　彦

目　录

金水区实验小学一年级智慧课程实施方案　　　1

主题一：节日课程　　1

版块一：节日课程之学雷锋　　2
　　《学雷锋》课程设计　　2
　　课程实施掠影　　6
　　课程实施感悟：学习雷锋　做文明使者　　7

版块二：节日课程之儿童节　　9
　　《儿童节》课程设计　　9
　　课程实施掠影　　15
　　课程实施感悟：走过路过不要错过　　16

版块三：节日课程之端午节　　18
　　《走进端午节》课程设计（一）　　18
　　课程实施掠影　　21

　　　　课程实施感悟：走进端午节　　　21

　　　　《端午节》课程设计（二）　　　23

　　　　课程实施掠影　　　29

　　　　课程实施感悟：走进端午节　　　30

主题二：季节课程　　　31

版块一：季节课程之春天的古诗　　　32

　　《春天的古诗》课程设计　　　32

　　　　课程实施掠影　　　41

　　　　课程实施感悟：墨香岁月，诗意春天　　　41

版块二：季节课程之可爱的动物　　　44

　　《可爱的动物》课程设计　　　44

　　　　课程实施掠影　　　47

　　　　课程实施感悟：可爱的动物　　　47

版块三：季节课程之分工合作找证据　　　49

　　《分工合作找证据》课程设计　　　49

　　　　课程实施掠影　　　55

　　　　课程实施感悟：分工合作找证据　　　55

版块四：季节课程之我们爱整洁　　　57

　　《我们爱整洁》课程设计　　　57

　　　　课程实施掠影　　　60

　　　　课程实施感悟：我们爱整洁　　　60

版块五：季节课程之春天的故事　　62

　　《立春的故事》课程设计　　62

　　　　课程实施掠影　　64

　　　　课程实施感悟：以故事切入，带学生走进立春　　65

　　《想吃苹果的鼠小弟》课程设计　　66

　　　　课程实施掠影　　69

　　　　课程实施感悟：吃到"苹果"的孩子们　　69

　　《班级里的故事》课程设计　　70

　　　　课程实施掠影　　72

　　　　课程实施感悟：孩子们自己的故事　　73

　　《听故事　讲故事》课程设计　　75

　　　　课程实施掠影　　77

　　　　课程实施感悟：让孩子在表演中诠释对故事的理解　　77

版块六：季节课程之和春天一起玩　　79

　　《和春天一起玩》课程设计　　79

　　　　课程实施掠影　　84

版块七：季节课程之美丽的春天　　85

　　《美丽的春天》课程设计　　85

　　　　课程实施掠影　　91

　　　　课程实施感悟：春天的色彩　春天的想象　　92

版块八：季节课程之我和我的家　　94

　　《我和我的家》课程设计　　94

　　　　课程实施掠影　　98

　　　　课程实施感悟：我和我的家　　　　99

版块九：季节课程之认识常见植物　　　101

　　《认识常见植物》课程设计　　　101

　　课程实施掠影　　　103

　　　　课程实施感悟：我们身边常见的植物　　　104

版块十：季节课程之春天的活动　　　106

　　《春天的活动》课程设计　　　106

　　课程实施掠影　　　110

　　　　课程实施感悟：在活动中收获成长　　　111

版块十一：季节课程之我想和你们一起玩　　　113

　　《我想和你们一起玩》课程设计　　　113

　　　课程实施掠影　　　119

　　　课程实施感悟：我想和你们一起玩　　　119

版块十二：季节课程之愉快的夏天　　　121

　　《愉快的夏天——夏天真热》课程设计　　　121

　　《愉快的夏天——夏天的风》课程设计　　　123

　　《愉快的夏天——好吃的西瓜》课程设计　　　126

　　《愉快的夏天——夏天的昆虫》课程设计　　　130

　　《夏天活动时我们应该注意什么》课程设计　　　132

　　　课程实施掠影　　　136

　　　　课程实施感悟：与夏季相约　见证学生成长　　　137

　　《夏季安全伴我行》课程设计　　　139

　　　课程实施掠影　　　144

　　　　课程实施感悟：快乐度夏日，安全伴我行　　145

版块十三：季节课程之太阳和我们　　146
　　　　《太阳和我们》课程设计　　146
　　　　课程实施掠影　　151
　　　　课程实施感悟：我们与我们生活中的太阳　　151

版块十四：季节课程之空气　　153
　　　　《空气》课程设计　　153
　　　　课程实施掠影　　157
　　　　课程实施感悟：空气的"秘密"　　158

主题三：家长课程　　161

　　　　花语有约　课中绽放　　162
　　　　词语积累从成语开始　　164
　　　　神奇的中医药　　166

附　录　金水区实验小学荣誉护照　　168
　　　　金水区实验小学阅读存折　　176
参考文献　　181
智慧课程，绽放生命的精彩（代后记）　　184

金水区实验小学一年级
智慧课程实施方案

一、课程整合的意义

  2001年，我国启动了新中国成立以来最大规模的、具有里程碑意义的第八次基础教育课程改革。《基础教育课程改革纲要（试行）》中指出："……改变课程结构过于强调学科本位、科目过多和缺乏整合的现状，整体设置九年一贯的课程门类和课时比例，并设置综合课程，以适应不同地区和学生发展的需求，体现课程结构的均衡性、综合性和选择性"，"小学阶段以综合课程为主"。这次课程改革针对现行课程结构的问题作了重大调整，强调课程整合，其目的在于改变过于注重学科逻辑的做法，关注学生的学习，注重学生的经验或者体验，实现课程促进学生发展的目的。

  为了更好地提高课程教学的有效性，实行国家、地方、学校三级课程管理，需要把课程规划、课程建设的权利赋予学校，把国家课程、地方课程、学校自己开发的校本课程等统筹起来，开展课程整合的研究与实验，以更好地促进学生发展。

课程整合的根本是为了促进学生的学习，通过创设相应的学习环境，使学习真实发生，从而使学生获得知识和技能，掌握学习的方法，形成完善的人格。

我校进行的智慧课程有更多追求：以活动或者解决真实问题为主的课程整合，围绕学生成长的重大问题，打破学科界限，根据学生感兴趣的问题或者活动展开课程设计。在解决问题和开展活动的过程中，各个学科的知识得到综合应用。智慧课程首先要保证上述综合运用各学科知识的机会得以实现，其次是在问题解决中能够层层深入，在思维的深刻性上和探究的情感上都能有较好的收获。

二、我校实际情况分析

我校在智慧教育的办学主张统领下，始终围绕"营造书香校园，共享智慧人生"的办学理念，将"一笔一画写好字，一字一句读好书，一点一滴做真人"作为校训，以课堂教学为教育教学的主阵地，把读书、写作、研究作为促进教师专业化成长的措施，努力创设一个适合教师专业发展和学生健康成长的人文环境，着力构建积极向上、内涵丰富、特色鲜明的学校文化，促进学校内涵发展，不断提升办学品位，使师生在成长的过程中共享智慧人生。

师资力量雄厚。近年来，我校先后涌现出河南省教师教育专家1人，河南省综合实践专家组成员2人，河南省教育厅学术技术带头人3人，中原名师1人，河南省名师2人，河南省骨干教师3人，河南最具成长力教师1人，郑州市名师1人，郑州市骨干教师3人，这为课程的开发奠定了坚实的基础。

社区资源多样。学校周边高档社区较多，社区资源相对比较丰富，更有利于开展多元的教育教学工作，丰富的课程资源更有利于学校的发展，有利于学生的主动发展。

家长资源丰富。我校面向全区招生，生源充足，吸引了大批优秀学生就读。家长素质相对较高，对学生的期望值也很高，这些家长从事各个行业的经验也比较丰富，他们乐于为学校、学生的发展出谋划策。

课程是学校教育的核心载体，是学生获得发展的宝贵资源。我校以学生的发展为价值取向，从学生的成长需要出发，通过课程整合，提供强有力的课程支撑，为每一个学生提供发展的机会。

我校一直致力于探索课程整合，我们将更加鲜明地、坚定地、正确地在国家课程的框架下"做自己的事"，即在坚持国家课程改革的基本精神和总体方向的前提下，深入研究学生，创造性地开展智慧课程的探索和实践。

三、课程目标

1. 智慧课程的实施，注重培养学生继承中华传统美德，诚信友善，孝亲敬长，有感恩之心，树立包容多元文化的心态和社会责任感，以培养新时期的智慧少年。

2. 通过智慧课程的实施，引导学生掌握基本社会生存技能，学会生存，为适应未来社会打下基础。同时，课程的实施也不断开阔学生的视野，引导学生学会求知，为终身学习打下基础，同时发展个性特长。

3. 通过智慧课程的实施，丰富学生的童年生活，让他们体验成长的快乐，感受成长的喜悦。

4．通过智慧课程的实施，培养学生有实证意识和严谨的求知态度，能运用科学的思维方式认识事物、解决问题。在课程实施中不断实践探究，生成智慧，培养创新精神，提高创新能力。

5．通过智慧课程的实施，激发学生的学习兴趣，让学习兴趣伴随学生的终身发展。

6．通过智慧课程的实施，培养"读好书，写好字，做真人"的智慧少年。

四、课程整合的基本理念

在一年级的智慧课程整合中，我们追求如下的理念：

（一）整合是一种思想

真正实施课程整合时，我们就会发现课程整合带给学生、教师的思考，感受到整合带给学生整体、系统的把握和实施，更有利于学生的学。

（二）课程整合需要更关注每一位学生

人是课程的核心，我们更多地倡导学生、教师站在课程的正中央。课程整合使教师的教学从以教材为中心走向以学生为中心，避免"割裂的评价"，全面激发学生的潜能，真正使学习走向以学生为中心。

（三）课程视野下的课堂

我们完全可以基于自己对教学内容和学生的理解，将一切有助于学生学习成长的积极而有意义的元素合理地整合到自己的课堂中，在课程整合的推进中走出一条自己的路来。

五、课程整合的基本原则

根据教育部《义务教育课程设置实验方案》要求，我校遵循课程设置的如下几个原则：

1. 均衡设置课程原则。在智慧课程整合时，我校坚持德、智、体、美、劳等全面发展，兼顾不同年龄段儿童的成长需要和认知规律。

2. 加强课程的综合性原则。智慧课程更注重培养学生的实践能力与创新意识，注重在学科渗透、整合中提升学生的综合素养。

3. 加强课程的选择性原则。智慧课程整合后，鼓励教师创造性地实施课程整合，把握好课程课时的弹性比例，发挥创造性，增强适应性。

六、课程整合的误区

误区一：课程整合不是包班

课程整合不是要求老师包班，不是要求教师成为"好的数学教师+好的语文教师+好的英语教师+好的……"。

误区二：课程整合不是学科的简单叠加

课程整合不是"语文+数学+英语+音乐+体育+美术"的简单叠加，课程整合后的教师也不是各学科教师的简单叠加。这是因为，课程整合带来的是课程"质"的变化，对教师也提出了新的"质性"要求。

误区三：课程整合不是找不到目标

在课程整合视野下，一堂找不到课时目标的课，是一堂低结构化的课，是一堂低效的课。当我们用课程的大胸怀超越了学科课时目标时，我们会发现要达成的目标就是一种深度的融合。

七、智慧课程整合的形式

智慧课程整合，意在整合各学科知识，以减少课程内容的重叠与分化，彰显知识、技能与生活世界的联系及其价值。

（一）课程整合的三种模式

课程整合有三种基本模式：

第一种为学科本位模式。该模式源于赫尔巴特的教学思想。在赫尔巴特看来，一门学科的教学要经常地联系其他学科的教学，这样，教地理时就非常容易显示出它与历史之间的联系；同样，教历史时联系文学就会使历史教学更加丰富。用熟悉的东西去认知新的东西，如此，课程整合的目的不仅在于使学习更有意义，而且使学习更富有趣味。这一模式强烈影响了教育实践。1932年，美国进步主义教育协会组成的"中等学校课程检讨委员会"针对社会发展的综合化趋势提出进行大规模的知识协同教学的必要性，进而强调学科间的整合，一些国家先后出现的相关课程、融合课程、广域课程等就是这种课程融合模式的发展。

第二种为儿童本位模式。19世纪末20世纪初，受杜威教育思想的影响，全世界掀起了儿童经验主义的教育思潮。针对传统学科课程将知识割裂开来的弊端，杜威主张学习即生活，教育即儿童经验的连续改造，要求把儿童的经验和兴趣作为课程融合的核心。这与赫尔巴特的学科模式完全不同。在儿童本位模式下，不是学科逻辑而是儿童的兴趣决定了课程的内容和结构，不是学科课程而是活动课程构成了学校课程的主体，尽管活动课程事先需要规划、设计，但并不像学科课程那样有着严密计划。

第三种为社会本位模式。该模式反对学科分立所造成的碎片化的学习，主张将学科内容整合起来，成为学习的核心，这样可以使学生了解内容间彼此的关系，学习会更有意义。同时，该模式还强调学校教育必须通过课程整合来维护社会的核心价值观。

（二）课程整合的有效方式

基于以上思考，我校在课程整合中，可以采用如下方式有效整合：

1. 学科内整合。课程内容分属于不同学科领域，根据学科特点、学生思维发展和课程内容有效进行课程整合。也就是各学科保持独立地位，课程内容进行内部有效整合。

2. 跨学科课程整合。我们也可以找到不同课程中内容相近或相似的结合点，按照不同的组织中心来组合不同学科，主题、问题、概念、基本学习内容、技能或课程标准的要求等均可成为组织中心，目的在于使学生能够从多重视角处理与组织中心有关的信息和观点，以便更全面、客观地理解知识和解决问题。

3. 以项目或主题的方式进行有效整合。跨学科课程整合即学科不再是组织中心，而是被融入单元或主题之中，教师非常重视课程与真实情景的联系，并鼓励学生作为研究者参与学习活动。

其实，智慧课程整合不仅是一个结果，更是一个过程。在整合中，我们还要注意学科内容与学生生活、当代社会生活的整合，文本教材与网络资源、生活资源的整合，学科的传统内容与学科的新发现、新观点、新问题的整合等。还有表现方法上的整合，即深度探究学习、合作学习、体验学习等多种综合性的教学方式。这些都值得我们进行研究和思考。

（三）课程整合的三种境界和追求

课程整合首先是学科内容之间的整合，其次是学习策略和教学策略的整合，再次是育人目标的整合。

八、整合后的课程设置

我校围绕办学理念，建立师生共同发展的课程体系，使师生发展和课程建设融为一体。我校先后将国家课程、地方课程和校本课程进行有效整合。

我校一年级将开设"阅读与生活""数学与科技""英语与交际""体育与健康"和"艺术与审美"五个主题（综合）课程，安排如下：

阅读与生活：语文（国家课程）+道德与法治（国家课程）+书法（地方课程）+心理（地方课程）+阅读

数学与科技：数学（国家课程）+科学（国家课程）+实践活动

英语与交际：英语（地方课程）

体育与健康：体育（国家课程）+安全+健康教育

艺术与审美：音乐、美术（国家课程）+木版画+小乐器

九、课程整合的管理与实施

为了促进一年级课程整合的稳步实施，我校采用双轮驱动的方式进行课程的开发、实施和评价等工作。我校课程委员会予以学术支持，学校教

导处提供行政支持，促进课程的深入实施。

（一）成立课程开发、实施、领导小组

组长：单留玉

成员：宋君、肖陶然、李小辉、魏霞、张丽娟、陈琳、穆桂鹤、杨慧君、鲍筱薇、胡翠翠、姚方

（二）课程委员会名单

宋君、王宁、魏霞、江南、杨慧君、孙新玲、闫彦

十、课程整合评价建议

有利于学生个性的发展，有助于学生创新精神和创造性人格的形成、发展和提升。

注重评价的过程，使之成为教师与学生共同成长的过程，成为促进我校特色课程的生成、发展与提高的过程。

根据我校课程的特点，结合我校的校情、教师情况和学生情况，对学生、教师的评价内容要多元化，评价方式要多样化，参与的各方要互动。

评价方法多元化，如学生自评、学生互评、教师评价与家长评价等。建立每个学生的成长记录档案，在档案中收集能够反映学生学习过程和结果的资料，包括学生的自我评价、最佳作品（成绩记录及作品）、社会实践和社会公益活动记录、体育与文艺活动记录、教师及同学的观察与评价、来自家长的信息、考试和测验的信息等。学生是成长记录的主要记录者，成长记录要始终体现诚信的原则，要有教师、学生和家长的参与，以保证记录的典型、客观、真实。

评价采用等级制，具体分为优秀、良好和合格三个等级。

十一、课程实施的保障措施

（一）建立健全民主、开放的组织机构

我校树立民主、开放的学校管理意识，校长全面负责学校组织机构的建设。我校建立健全了学校课程委员会，制定课程审议制度，使课程的开发、实施过程成为民主决策的过程。

学校其他课程管理机构（如教导处）实行人本管理，充分发挥学校校务委员会团结全校教职工的作用，确保优质、高效地进行课程开发和实施。

（二）建立良好的课程决策结构和沟通网络

学生在家长的支持下确立自己希望学习的内容，并在教师的指导下，自评选择学习的课程。

学校提供教师与课程专家沟通的机会，为参与课程开发的各团体或小组之间交流提供时间和空间保障。

（三）持续的校本研修

学校积极鼓励所有教师都力所能及地参与课程开发研究，保证他们有较充足的时间获得各种学习机会。学校还根据教师专业发展的不同阶段，采取不同的研修策略，使教师们在研究中养成课程开发的意识、提高开发的能力。

（四）充分利用校内外课程资源，建立支持系统

课程的开发必须充分利用校内外资源，不断对学校的师资、设施、经费、器材、场所等课程资源进行积极的评估、利用，使人尽其才，物尽其用，并积极努力，不断改善教学条件。

主动积极争取大学课程专家的指导，积极争取与社区、政府的对话，获得广泛的支持。充分利用网络等途径获取相关课程资源，从而建立校内、校外两个支持系统。

（五）制度保障，建立自律的内部评价与改进机制

健全学校课程审议制度，如课程管理岗位职责、课程能力培训制度、课程教学管理条例、课程评价制度和课程开发奖励制度等系列规章制度，通过制度管理，保障校本课程开发、实施的顺利推进。系统研究，认真实施课程的各项评价，逐步建立和完善学校自律的课程内部评价机制，提高课程开发、实施的质量。

课程是学校教育的核心载体，是学生获得发展的宝贵资源。学校课程整合正是以学生的发展为价值取向，从学生的成长需要出发，以提供强有力的课程支撑来为每一个学生提供发展的机会。课程整合，增强了学习的有效性，让课堂、学校焕发出生命的活力。课程整合使师生发展和课程建设融为一体，真正建立起师生共同发展的课程体系。课程整合促进了学生的成长、教师的专业发展和学校的发展。

我校努力通过课程整合，让智慧课程引领学生学会学习，进一步提升学生的学习能力；让课程整合成为体验生命成长的丰富经历，为学生提供更广阔的学习空间和选择机会，满足学生不同潜能开发的需要；通过课程整合架设通达智慧人生的桥梁，促进每一个孩子的可持续发展。

金水区实验小学智慧课程实施纲要（一年级下学期）

课程名称	一年级智慧课程		
适用年级	一年级	总课时	120
课程简介	\multicolumn{3}{l	}{金水区实验小学一年级智慧课程秉持课程整合的理念，将各学科中相关的知识点进行提炼融合，以主题活动的形式在每天下午分版块实施。一年级智慧课程以春、夏、秋、冬四季为主线串联起各个主题活动，符合自然规律和学生的认知规律，引领学生在活动中进行体验性学习，体现了让学习真实地发生这一理念。本课程是一门综合性强、学生全员参与的学科知识融合的课程。}
背景分析	\multicolumn{3}{l	}{目的和意义： 1. 一年级学生通过智慧课程的学习能够尽快适应小学生活，融入学校这个大家庭。 2. 在智慧课程的学习中通过活动体验等符合一年级学生认知水平的教学方式帮助他们了解四季的特点，学习和季节有关的知识点。 3. 打破了学科间的界限，通过整合课程资源，避免了知识学习的碎片化，提供给学生完整的知识体验。 4. 各科知识点的整合设计和走班上课的教学模式，减轻了教师的教学压力。教学资源共享，提高了教学效率。 学情分析： 一年级学生天性活泼好动，思维活跃，对新鲜事物极具探索欲，体验性学习和参与性强的活动是他们最喜欢的。 教师分析： 一年级的各科教师在充分研讨的基础上，对智慧课程有了初步的想法和了解，有了自己对课程的思考。我校重视智慧课程的开发与实施，先后成立课程委员会和课程领导小组，保障课程的顺利实施。学校将我们年级组的教师调配到一个办公室，便于随时教研，增强了教师的课程研发意识和实施能力。}

主题课程及开设原因	一年级下学期的主题课程为：节日课程（学雷锋日、端午节、儿童节）、季节课程（春天系列、夏天系列）和家长课程。 设置每个主题课程的原因： (1) 季节课程： 一年四个季节，每个季节都有各自的特点。通过各式各样的季节课程，让一年级的孩子明确四季的特征。 (2) 节日课程： 主要以中国的传统节日为主，让学生在了解每个节日的由来、意义的同时，更加了解祖国的历史文化。 (3) 家长课程： 课外的资源也是很丰富的，通过家长课程的开设，将许多课外资源引入课堂，让学生懂得更多。
学习主题/活动安排（请列出教学进度，包括日期、周次、内容、实施要求）	金水区实验小学一年级下学期 智慧课程安排表 |	主题名称	课时
---	---	---
第一周 (5课时)	集体备课阶段	4
第二周 (4课时)	节日课程:《学雷锋》活动1	1
	节日课程:《学雷锋》活动2	1
	节日课程:《分工合作找证据》1	1
第三周 (5课时)	季节课程:《春天的古诗》系列一	1
	季节课程:《春天的古诗》系列二	1
	节日课程:《我们爱整洁》	1
	季节课程:《春天的故事》系列一	1
	家长课程	1	

续表

		主题名称	课时
学习主题／活动安排（请列出教学进度，包括日期、周次、内容、实施要求）	第四周(5课时)	季节课程：《春天的古诗》系列三	1
		季节课程：《春天的古诗》系列四	1
		季节课程：《和春天一起玩》系列一	1
		季节课程：《和春天一起玩》系列二	1
		家长课程	1
	第五周(5课时)	季节课程：《和春天一起玩》系列三	1
		季节课程：《和春天一起玩》系列四	1
		季节课程：《春天的故事》系列二	1
	第六周(5课时)	季节课程：《春天的色彩》系列一	1
		节日课程：《分工合作找证据》2	1
		季节课程：《可爱的动物》	1
		季节课程：《春天的故事》系列三	1
		家长课程	1
	第七周(5课时)	季节课程：《春天的色彩》系列二	1
		季节课程：《春天的色彩》系列三	1
		季节课程：《我和我的家》	1
		季节课程：《春天的故事》系列四	1
		家长课程	1

续表

		主题名称	课时
学习主题／活动安排（请列出教学进度，包括日期、周次、内容、实施要求）	第八周 (5课时)	季节课程:《认识常见植物》	1
		季节课程:《春天的活动》系列一	1
		季节课程:《春天的活动》系列二	1
		运动会	1
		春游活动	1
	第九周 (3课时)	季节课程:《我想和你们一起玩》1	1
		季节课程:《愉快的夏天》系列一	1
		季节课程:《我想和你们一起玩》2	1
	第十周 (4课时)	季节课程:《美丽的夏天》系列一	1
		季节课程:《美丽的夏天》系列二	1
		季节课程:《愉快的夏天》系列二	1
		阅读节	1
	第十一周 (4课时)	季节课程:《太阳和我们》	1
		季节课程:《愉快的夏天》系列三	1
		季节课程:夏季安全伴我行	1
		季节课程:《空气知多少》	1
		家长课程	1
	第十二周 (5课时)	季节课程:《愉快的夏天》系列四	1
		季节课程:《愉快的夏天》系列五	1
		季节课程:《夏季安全伴我行》系列一	1
		季节课程:《夏季安全伴我行》系列二	1
		家长课程	1

续表

		主题名称	课时
学习主题／活动安排（请列出教学进度，包括日期、周次、内容、实施要求）	第十三周 (4课时)	节日课程：儿童节活动1	1
		节日课程：儿童节活动2	1
		节日课程：儿童节活动3	1
		节日课程：端午节活动1	1
	第十四周 (5课时)	节日课程：端午节活动2	1
		节日课程：端午节活动3	1
		节日课程：端午节活动4	1
		节日课程：端午节活动5	1
		家长课程	1
	第十五周 (5课时)	各个主题活动总结，评价	
	第十六周 (4课时)	期末课程综合测评工作	

续表

评价活动／成绩评定	(1) 课堂精彩发言卡 课堂精彩发言卡是为课堂积极发言学生而设置的奖励卡，可以更好地激发学生在遵守规则的前提下积极发表自己的看法。 (2) 评价表 期末时，会根据学生整个学期的各项表现制作"期末评价表"，对每位学生一学期的各项成绩做出总结，并评等级。 (3) 活动反馈 主题活动后，我们会制作"反馈卡"发给学生，让学生和家长填写活动的收获和感受，也会让孩子们在班里和大家分享。 以"大手拉小手"活动为例，结束后，我们收到了很多的反馈。 一年级下学期的家长会上，我们向家长介绍了上学期开展的主题课程，并介绍了课程实施的情况。家长会结束后，发给每位家长一张"金水区实验小学'主题课程'家长征求意见表"。通过该表我们看到了很多赞扬和支持，也得到了很多宝贵的建议。 其中一位家长说："我认为智慧课程最大的优势是开发与实践，给每一位学生的发展提供了新的舞台，深入推进素质教育，促进了小学生的全面发展。" 通过反馈可以看出，这样的课程深受学生和家长的喜欢。看到学生洋溢着微笑的脸，我们感到十分欣慰，顿时觉得付出的所有辛苦都是值得的，学生和家长的好评就是对我们最大的鼓励！ (4) 荣誉护照 我校一年级的老师们结合智慧课程的实施为学生量身定制了"荣誉护照"——一种全新、活泼的评价形式，它是一年级所有教师智慧的结晶，它将独立的学科评价融合在一起进行评价和实施。
备注	

主题一：节日课程

节日是文化的重要组成部分和表现形态，千百年来经久不衰，历久弥新。节日文化是人类文化中必不可少的部分，也是对学生进行教育的良好资源，能提升学生的民族自豪感。

版块一：节日课程之学雷锋

《学雷锋》课程设计

课程主题：

学雷锋。

学情分析：

雷锋虽然离大家远去，可他的精神却感召了一代又一代的人。有的一年级小学生在家中就是"小皇帝""小公主"，平时较为自私，对雷锋也不太了解，而且把雷锋事迹想得高不可攀，没有意识到我们每个人都应向雷锋学习。

课程内容：

本次活动通过学生汇报搜集的有关雷锋资料及看《雷锋的故事简编》视频，让学生进一步了解雷锋。通过"思雷锋""比自己""从我做起""绘学雷锋简笔画""在校园做好人好事"等活动，让孩子们知道，身为小学生应该从哪些方面来学习雷锋精神。

课程安排：

课程安排为两个课时。第一课时安排在室内，通过观看视频、学唱学习雷锋歌曲，让学生直观地了解雷锋，明白要学习雷锋哪些精神。欣赏一些"学雷锋"儿童画，每人画一幅"学雷锋"儿童画。第二课时后半节课安排在室外操场，鼓励大家在校园内做好人好事，希望更多的"小雷锋"出现在日常生活中。

课程设计理念：

本次课程实施，将音乐兴趣、歌唱语言的培养，美术学科的审美素养、创造力，道德与法治学科中孩子具备的精神和素质融合在一起，培养学生的综合素质。

课程目标：

1. 通过活动，使孩子们树立正确的世界观、人生观和价值观，激发学生自觉向雷锋学习，大力践行雷锋精神，弘扬中华传统美德。

2. 通过学习和弘扬雷锋精神，促进学校精神文明建设，促进学生良好行为习惯的形成。

评价实施：

1. 在班级范围内展示每个孩子的《学雷锋》儿童画，给每个学生发投票卡，投给自己最喜欢的那幅儿童画。

2. 教师制定本次活动的评价表，完成自我评价、同学评价和教师评价。

第一课时　认识雷锋

教学过程：

活动一：忆雷锋

1. 学生汇报搜集的有关雷锋资料。

2. 看《雷锋的故事简编》视频，进一步了解雷锋。

活动二：思雷锋，比自己

1．把雷锋的一些事情与自己进行比较，如：生活条件的比较、学习态度的比较、勤奋节约的比较、做好事的比较等，从中发现自己的不足，说说心得体会。

2．我班有哪些好人好事？是否体现雷锋精神？

3．我班存在哪些与雷锋精神相违背的现象？

活动三：从我做起

说说自己要怎样学习雷锋，如：学习上要怎样做？对待同学上自己要怎样做？等等。

活动四：学唱歌曲《学习雷锋好榜样》

播放《学习雷锋好榜样》歌曲视频，让孩子们欣赏歌曲，并跟唱。

活动五：欣赏一些学雷锋儿童画

活动六：每人画一幅《学雷锋》儿童画

请你画一画心中的好妈妈，画出对妈妈的爱，配上一句真挚感人的话，表达对妈妈的孝敬之心、感激之情。

提示：下课时教师提醒学生明天每人带一块小抹布。

第二课时　学习雷锋

教学过程：

活动一：唱《学习雷锋好榜样》歌曲

活动二：说一说

探讨"向雷锋学什么""新时代的艰苦朴素""什么是做好事"等议题，加深孩子们对雷锋精神的认识。

活动三：表演小品《如此学雷锋》

演员：雷雷　老奶奶

雷雷：大家好，我叫雷雷，和雷锋叔叔同一个姓。（骄傲地）今天是3月5日，你们知道是什么日子吗？（同学答：学雷锋日）对啊，是学雷锋日。我今天要出门去学雷锋。（右手握拳上举）

场景：马路旁，有一个老奶奶站在斑马线边上。雷雷："你们看，那边有位老奶奶，我看她是想过马路，我要学雷锋，帮帮她！"雷雷急忙跑过去，搀着老奶奶过马路，老奶奶在路上一直叫着："哎呀，孩子，哎呀，孩子！"雷雷一直打断奶奶的话，说："我知道，我知道，奶奶您慢点，慢点啊！"等老奶奶站好，雷雷马上向她敬了一个队礼："老奶奶，不用谢我，也不用问我叫什么名字，学雷锋是我们少先队员应该做的！"老奶奶喘着气说："哎呀，孩子，我在那边等我孙子呢，我家住那边呀，你扶我过来干什么呀？""啊？"雷雷不好意思地抓抓头，老奶奶摇摇头，慢慢地往回走，雷雷追上去说："奶奶，我再扶您回去吧！"老奶奶摇摇手："不用了，我自己慢慢走回去。"

活动四：在校园内做好人好事

1. 老师讲活动要求、纪律。

2. 学生分组在校园内做好事。如帮老师整理书桌、倒垃圾、捡树叶、擦水池等。

活动五：小组评比

根据活动情况，完成《学雷锋》活动评价表。

《学雷锋》活动评价表

姓名：_____ 班级：_____

你认为自己在本次活动中表现得怎么样？
☺ 😐 ☹

小组同学认为你在本次活动中表现得如何？
☺ 😐 ☹

综合评价：

课程实施掠影

同学们"学雷锋"活动展现

课程实施感悟

学习雷锋　做文明使者

有的一年级学生在家都是"小皇帝""小公主",娇生惯养,也缺乏明辨是非的能力。有时候,我们会看到他们排队时你推我挤,纸屑随手扔到地上,带玩具到学校,上课说话,等等。究其原因,他们不知道什么是对,什么是错。一年级孩子,刚入学,空洞的说教他们听不进去,也听不明白,想让他们知道什么是文明,是要下一番功夫的。

课中我故作神秘地对学生们说:"刚才通过看视频,我们知道了雷锋是一个什么样的人,但在生活中有很多现象和雷锋精神相违背,你们能找到吗?"孩子们七嘴八舌地告诉我:"有的同学不按秩序排队走路。""有的叔叔阿姨没有自觉排队。""有同学把米饭、馒头扔了。""有同学纪律差,不团结,老打架。""有同学说脏话。""有同学不按时完成家庭作业。"我又问:"有哪些现象符合雷锋精神呢?"孩子们又七嘴八舌地说开了:"郭凯自觉捡起地上纸屑。""当教室里没学生时,陈浩冉主动关掉教室里的灯。""上次魏佳生病时,周彤主动关心她。"我提出:"对不文明现象,我们怎么解决这个问题呢?你们帮老师想想吧!"许多孩子提出了建议,有的说:"可以让自己在楼道里监督。"有的说:"当看见别人有不文明现象时,我们要及时提醒他。"有的说:"把不文明行为拍成视频,全班同学当演员,既教育了自己,还可以让其他班学习。"多么好的建议啊!多么懂事的孩子啊!大家在你一言我一语中,明确了哪些是不文明现象,小学生应该怎样做。接着通过画儿童画,排练小品,到校园做好人好事,进一步强化哪些是文明行为,我们应该向雷锋学习什么。

  在"学雷锋"活动中,我并没有义正词严地说教,而是让学生通过身边的小事,明辨是非,并借此告诉孩子们,从身边每一件平凡的小事做起,学习雷锋精神,遵守校规校纪、班规班纪。教育同学们在学习上发扬雷锋"钉子"精神,争取上进;生活上不浪费一粒米,穿衣服干净整洁即可,不攀比名牌;随手捡起一片废纸,净化校园;关心集体,关爱他人,团结同学,不说脏话。在活动中,通过强调学生的自我体验、自我感悟,达到育人的目的。

版块二：节日课程之儿童节

《儿童节》课程设计

课程主题：

儿童节。

课程内容：

这是一个轻松的日子，一个纯真的日子，一个快乐的日子，一个祝福的日子，这是学生们上小学的第一个儿童节。在"六一"国际儿童节来临之际，为了让一年级学生过一个快乐、祥和的"六一"国际儿童节，举行"六一"庆祝活动，各班要围绕活动方案精心组织，庆祝活动总体要求是简单而隆重，激励广大少年儿童积极进取、奋发向上。

本课程将语文学科的口语交际、美术学科的绘画、数学学科的计算能力、音乐学科的音乐欣赏表演融合在一起，培养学生的综合素质。

课程安排：

课程安排为三个课时。第一课时安排在室内，通过欣赏图片等，让学生直观地了解"六一"国际儿童节。第二课时安排在教室外面的草坪上，让所有学生都参与买卖活动。第三课时安排在室内，给学生展示才艺的空间。

课程设计理念：

为了让学生真正成为活动的主体，让活动成为孩子们成长和发展的过程，本次活动策划以系列活动的形式展现，将"以活动结果为中心"变为"过程与结果并重"，将单一的演出形式变成多元化的互动形式。

课程目标：

1. 本次课程旨在给学生们带来一个快乐的节日，让他们在儿童节收获属于他们的快乐和欢笑，在他们的成长之路上留下一段美好的记忆。让学生们在学校度过一个快乐、有意义的儿童节。

2. 引导学生知道"六一"国际儿童节是全世界小朋友的节日，让学生们了解人们为小朋友过节而辛勤劳动着，感受生活的幸福。

3. 引导学生通过各种形式的庆祝活动，感受节日的欢乐气氛，培养学生活泼开朗的性格和积极主动关心他人的意识。

第一课时　快乐的"六一"

教学过程：

一、感知快乐

播放儿童歌曲并向同学们提问，这些图片和歌曲让你想到什么？你什么时候最快乐？为什么？

是啊！过儿童节的时候快乐，放假的时候快乐，帮助别人的时候快乐，过节的时候也快乐，那在这么多的节日里，哪个是属于我们的节日呢？（板书：快乐的"六一"）

"六一"国际儿童节，是专门属于我们自己的节日，你印象最深的一次"六一"是怎么过的呢？（小组说，指名说）

"六一"是全世界儿童共同的节日，世界各地都有自己独特的方式来庆祝儿童节。小朋友，你了解到哪些有意思的风俗？（先指名说，后欣赏小朋友过节的图片资料）

今年的"六一"，同学们想用什么方式来庆祝自己的节日？还有什么更好的主意？大家都来说一说。

二、升华快乐的情感

看到同学们玩得这么开心，真想每天都是儿童节。采访刚才玩得快乐的同学，你的快乐是怎么来的？

快乐来自别人的礼物，快乐来自同学、老师的关心，来自快乐的游戏。你知道快乐的秘诀是什么吗？下面让我们来听一个小故事。

有一个女孩子，经过一片草地时，看见一只蝴蝶被荆棘刺伤。小女孩小心翼翼地为它拔掉身上的刺，让它飞回大自然。后来蝴蝶为了报恩，对小女孩说："请你许个愿吧，我会帮你实现。"小女孩想想说："我希望快乐。"于是，蝴蝶告诉小女孩快乐的秘诀，小女孩按照秘诀去做了，果真快乐地度过了一生。同学们，你知道蝴蝶告诉她的秘诀是什么吗？那就是力所能及地帮助身边的每一个人。

在我们身边，还有哪些需要帮助的人呢？（图片展示）你打算怎么做？

三、活动：分组讨论自己以前过的"六一"国际儿童节

第二课时　快乐跳蚤市场

活动主题：

快乐跳蚤市场。

活动时间：

下午两节课。

活动地点：

一年级教室门口草坪。

活动对象：

一年级全体学生，教师都以"顾客"身份参加到这个活动中来。

活动目的：

孩子们应该从小培养经济头脑，儿童用品跳蚤市场正好为孩子们提供了这样的锻炼机会。孩子们把自己家中搁置已久的玩具、书籍等物品拿出来，自己做主进行交易。在交易的过程中，孩子们会得到极大的锻炼。同时，儿童用品跳蚤市场作为沟通交流的平台，以旧货为载体交流，结识好朋友、好伙伴。在儿童用品跳蚤市场上，培养孩子们的价值观。从身边的小事做起，不浪费自己的物品，自觉养成节约资源、爱护环境的意识和良好的行为习惯，响应环保低碳生活，培养具有良好综合素质的好学生。

了解举办跳蚤市场的意义，愿意将自己的旧物品与同伴分享、交换，懂得爱惜物品，珍惜资源，废旧物品再利用。在体验环保乐趣的同时，培养学生的语言表达力和计算能力、社交能力，学会礼貌交往。学习设计商品海报和促销语，主动展示自己的物品。

活动内容：

1. 图书交易。将自己愿意出售的各类图书或自制的各种书籍小作品，标上意向价，并以中队为单位摆摊公开销售。

2. 旧货交易。把自己淘汰的物品，如玩具、学习用品、生活用品等拿到跳蚤市场直接进行交易（禁止食品类商品交易）。

3. 自制品交易。倡导自己动手制作手工艺品或利用废品制作小物品、书画作品，如：十字绣、已经裱好的书画作品等。

活动注意事项：

凡参加活动的学生自带家中闲置的物品（七八成新的小玩具、图书、识字卡片、毛绒玩具、铅笔、贴画、自制手工制品等）。物品定价在1～10元之间，请自备零钱包，家长需和孩子共同确定标价以及最低成交价，并制作价格标签。商品不宜太贵重，也不宜选择孩子很喜欢的物品，选择交换或者售出后不易后悔的物品。

物品选中后，请家长协助孩子制作推销商品的海报、练习推销的口号或者介绍文字，活动中有向其他小朋友推销介绍自己商品的环节，可自备小喇叭等物品。

引导孩子认识人民币，并教会简单的数学计算。活动进行时可实物交换，以一换一，交换过程由学生自行决定。购买过程中需要孩子自己检查玩具是否有缺损，一经交易成功，不得反悔。

活动准备：

1. 提前跟孩子和家长做好宣传工作，将家里旧玩具等整理出来。

2. 请家长朋友和孩子制作好宣传海报和促销语，做好市场宣传效应。

3. 活动当天摆好需要的桌椅，准备垃圾袋与大块布。

4. 每个学生带3～5个物品（玩具或图书均可）。

5. 事先进行安全教育，提醒学生换物、购物时要有序、谦让，注意礼仪、文明。

活动过程：

各小组自行铺位布置，在教室门口草坪上铺设摊位进行交易，可在地面铺上桌布围成摊位，活动结束后要清理场地。

各班活动后评出一个"淘宝冠军"（以净收入为准）。

第三课时 "六一"节才艺大比拼

教学要求：

1. 以班级为个体，面向全体，全面展示学生才艺，让每一个孩子在节日中都能积极参与，大胆表现，充分体验活动的乐趣。参赛节目包括四大类：器乐演奏类、体能竞技类、舞蹈歌唱类和曲艺综艺类。

2. 家长辅导孩子充分利用空余时间，做好训练工作，努力提高班级文化的档次和演出节目的品位。

教学安排：

1. 5月25日前为宣传准备、训练阶段。

2. 5月31日为演出阶段。统一在下午两节课进行，原则在各自班级举行，任课教师安排好活动的场地，维护好学生演出、观看的秩序。

教学过程：

1. 节目展演

同学们，咱们已经准备了一段时间的节目了，那么你们想不想上台表演呢？想不想看别人的表演呢？我们一起欣赏大家的表演。

评选标准：

（1）内容积极向上，有时代气息，有情趣，有童趣，有朝气，受到学生欢迎。

（2）表演形式新颖有创意，编排具有合理性、连贯性、完整性。

（3）穿着大方得体，精神面貌好，服装整洁，仪态大方。

（4）有艺术欣赏价值，音乐表现生动、演奏连贯流畅，舞蹈动作吻合音乐旋律，富有节奏感，艺术感染力强；朗诵熟练，声音洪亮，吐字清晰，声情并茂。

2．投票评选

根据刚才的表演，大家投票评选出 5 位同学获得最佳表演奖，祝贺这些同学！

课程实施掠影

热闹的跳蚤市场

才艺大比拼现场

课程实施感悟

走过路过不要错过

听说要当"老板",孩子们都兴奋极了,一个个摩拳擦掌,纷纷表示要"大挣一笔"。

跳蚤市场终于开张了,孩子们把自己家中搁置已久的玩具、书籍等物品拿出来,一个小组围坐一起,自己做主进行买卖,他们轮流守摊,轮流寻找自己喜欢的玩具、物品。活动中,孩子们兴趣盎然,一个个俨然是小商人,讨价还价,好不热闹。

"便宜啦!便宜啦!走过路过不要错过!……"

"来我们这里看一下吧,肯定有你意想不到的收获。"

"我卖得比他便宜……"

"这个花是我和妈妈费了好长时间才编好的,你看漂亮不?"

"老师您看,这是我挣的钱。"

从一年级教室门口的草坪经过,满眼望去,好热闹!看着孩子们一张张笑脸,好天真烂漫。

活动结束了,孩子们满意地走进教室,分小组讨论谁挣的钱多,最后选出了刘小乐同学,他挣了120多元。大家请他谈谈自己的挣钱方法。他高兴地大谈生意经,将自己如何进货、如何定价、如何售卖、卖了钱准备干什么通通讲了出来,孩子们聚精会神地听着。这是一节别开生面的特殊的课,孩子们一定都有所收获。

这个活动为孩子们提供了难得的锻炼机会。在交易的过程中,孩子们的语言表达力得到了很好的锻炼，认识了人民币，能进行简单的数学计算，数学实践能力得以提高，形成了初步的经济头脑。同时，也结识了好朋友。更难得的是，孩子们都体会到了家长挣钱不易，纷纷表示要珍惜爸爸妈妈的劳动成果，养成节约的好习惯。

　　孩子们，所有你们走过的路，都会变成你们人生路上的财富，大胆向前走吧！老师支持你们！

版块三：节日课程之端午节

《走进端午节》课程设计（一）

课程主题：

走进端午节。

课程内容：

该课程以中国传统节日"端午节"为切入点，通过听歌曲、读绘本、看视频、动手做等活动，将语文学科中的绘本教学、儿歌、诗歌教学，数学学科中平面图形的认识、计算，科学课程中的认识中草药，音乐学科中通过欣赏歌曲激发学生欣赏音乐的兴趣，美术学科中欣赏美、发现美的能力等内容进行整合教学，以此来培养学生的综合素养。

课程目标：

1. 了解端午节的名称、来历和有关习俗，知道"端午节"是中国的传统节日之一，培养学生深厚的民族情怀。

2. 通过活动，体验中国传统节日的韵味，增强学生对传统文化的感情，培养他们热爱祖国、热爱生活、正确对待生活的态度。

3. 通过活动，激发学生参与活动的兴趣和创造力，培养学生的动手能力和交往能力。

评价实施：

在课堂中采用同伴互评与教师评价相结合的评价方式。

教学过程：

一、激趣导入，引入新课

（出示粽子图片）你们知道这是什么吗？什么时候要吃粽子？对！端午节。端午节是我们中华民族的传统节日，关于端午节，你都知道些什么？谁能来和大家说一说？

看来大家对端午节还是有一定的了解的。那今天我们就一起走进即将来临的端午节，去感受一下它。

二、绘本体验，活动感知

1. 刚才同学们提到的一些端午节的习俗，都在一首儿歌里，一起来唱一唱：

五月五，是端午。

门插艾，香满堂。

吃粽子，撒白糖。

龙舟下水喜洋洋。

从这首儿歌中，你读懂了什么？知道了哪些和端午节相关的内容？

2. 看来，过端午节可真有意思，接下来，让我们跟随两个小朋友一起去看看他们家的端午节是如何过的吧！

出示绘本《端午节》封面，学生看图，整体感知图画内容。

通过观察绘本封面，你看到了什么？

3. 教师讲述《端午节》绘本内容，学生认真倾听。

三、动手操作，感受民俗

1. 紫薇和巴豆家的端午节过完了，原来，除了刚才我们提到的习俗，端午节还有这么多的讲究啊！想一想，你们家在端午节的时候通常会做些什么？和大家说一说吧。

先在小组内交流，再和全班同学说一说。

2. 你想自己动手体验下过端午节的感觉吗？我们一起来做香包吧！（展示做香包的材料和要求）

简单介绍做香包的方法。你准备的香包布袋是什么形状的？

用提前准备好的香包袋子和香料制作香包。

3. 端午节是个驱邪避毒送祝福的日子，你做好的端午节香包，你想把它送给谁？为什么呢？

四、课外拓展，实践提升

1. 这节课你有什么收获？

总结：这次主题活动，我们了解了端午节。端午节是我国的传统节日，有许多的风俗习惯，这些习惯是民俗文化的重要组成部分，我们要继续传承文化，让习俗流传下去。

2. 包粽子

请大家和家长一起学包粽子，这个端午节尽量吃到自己亲手包的粽子，也可以带到学校来和大家分享。每人至少学会背诵一首描写端午节的诗歌，一起感受我国的传统文化。

课程实施掠影

认识端午节

包香包

课程实施感悟

走进端午节

"端午节"是我们中华民族的传统节日,是我们民族文化的宝贵财富,每一个传统节日都蕴含着我们民族独特深层的精神价值观,也是我们中华民族文化的根。在本学期一年级的整合课程中,我们以传统节日教育为切入口,将其纳入"节日课程"主题中。通过开展传统节日教育,弘扬传统美德,提高学生对优秀民族文化的认同感和自豪感。

在课程开展之前,我们通过调查、谈话发现,孩子们对端午节的了解很肤浅,仅限于端午节的时间、吃粽子等。为了激发学生的探究欲望,深入了解端午节,此次主题课程我们以中国传统节日"端午节"为切入点,通过听歌曲、读绘本、看视频、动手做等活动,将语文、数学、科学、音乐、美术等多学科内容进行整合教学,培养学生的综合素养。

在主题活动中,孩子们通过对当地端午节习俗的调查、查阅一些相关资料,不仅了解了端午这一传统节日的来历和当地端午节习俗等传统地方文化,同时还提高了学生的相互帮助意识和动手能力。活动中,他们遇到了很多的困难,也能自己想办法解决。比如:我们在开展此次主题活动时,需要孩子自己动手做香包,这就要在课前准备好香包的布袋,活动开展时距离端午节还有两周,市面上相关物品还不太好买,这对孩子们是个挑战。当我们给孩子布置这一作业时,孩子们自己在课下就开始探讨各种解决的办法,有的建议请家长帮忙一起缝制,有的建议从网上查找制作香包的方法,还有的建议直接网购,等等。活动使学生的主体性、参与性得到了充分发挥,综合实践能力得到了有效提高。

通过本次活动,我自己也增长了不少知识,真可谓是意想不到的收获。原来我自己对端午节了解甚少,只知道这个节日要包粽子、插艾叶,我也是在与学生一起收集资料的过程中才深入了解了有关端午的那么多知识。我们的主题活动不仅仅是一门课程,它同样也给我们教师提供了学习的机会,和孩子一起成长。通过这样的主题活动,让传统节日根植于孩子和老师们的心中,在过节时多一些仪式感,多一些中华传统文化的传承。

《端午节》课程设计（二）

课程主题：

端午节。

课程内容：

通过查资料、看视频、动手画、做游戏等活动，了解中国传统节日端午节的由来和相关习俗。本课从民俗风情着手，通过直观的教学手段，加强课内的活动体验，从而加深学生对这个节日的了解，并抓住端午文化习俗，增强学生对传统文化的传承和创新意识。

了解端午节的相关来历、传说故事和习俗活动，并动手制作和节日相关的手工作品。开展赛龙舟活动。通过实践活动，将体育学科的团结拼搏、语文学科的古诗文、音乐学科的儿歌、美术学科的审美素养与创造力、道德与法治学科中孩子应具备的爱国主义精神和素质融合在一起，培养学生的综合素质。

课程目标：

通过活动，体验中国传统节日的韵味，增强学生对传统文化节日的了解和认同，增强学生对传统文化的感情，培养学生热爱祖国、热爱生活、正确对待生活的态度。

课程安排：

课程安排为三个课时。第一课时安排在室内，通过资料分享、观看视频让学生了解端午节的由来及习俗，读一读有关端午节的诗歌、儿歌。第二课时前半节先在室内上，学生通过视频了解龙舟赛，体会龙舟赛精神。

后半节课安排在室外操场，利用游戏的形式进行划龙舟比赛。第三课时安排在室内，通过幻灯片了解粽子并画出来。

评价实施：

1. 班级范围内展示每个孩子的《端午节》儿童画，给每个学生发投票卡，投给自己最喜欢的那幅儿童画；通过赛龙舟等活动，对学生参与度、团结合作能力进行评价。

2. 教师制订本次活动的评价表，完成自我评价、同学评价和教师评价。

第一课时　认识端午节

教学过程：

一、谈话导入

1. 我国有很多传统节日，你知道我国有哪些传统节日吗？

2.（图片出示粽子）这种食物你吃过吗？我们都在什么时候吃它？（端午节）

那么关于端午节的由来、习俗你们知道吗？今天就让我们走进端午节去了解一下。

二、交流了解端午节来历

1. 学生先在小组内交流课前搜集的关于端午节资料，各组选派代表到班级内交流。

2. 学生看讲述端午节来历的视频（讲述屈原投江故事的短片）。

三、描写端午节的诗歌、儿歌

1. 欣赏端午节诗两首。

端午

文秀

节分端午自谁言，万古传闻为屈原。

堪笑楚江空渺渺，不能洗得直臣冤。

五月五日

梅尧臣

屈氏已沉死，楚人哀不容。何尝奈谗谤，徒欲却蛟龙。

未泯生前恨，而追没后踪。沅湘碧潭水，应自照千峰。

2. 学唱端午节儿歌：

(1) 粽子香，香厨房。艾叶香，香满堂。桃枝插在大门上，出门一望麦儿黄。这儿端阳，那儿端阳，处处端阳处处祥。

(2) 桃儿红，杏儿黄；五月五，是端阳；粽叶香，裹五粮；剥个粽子沾上糖；幸福生活万年长。

(3) 五月五，是端阳；龙船双双闹长江；两边坐着划船手；中间坐着打鼓郎；咚咚锵，咚咚锵，咚咚咚咚锵。

(4) 五月初五是端午，家家户户包粽子，门窗插起艾条草，胳膊系上百锁子。

从儿歌里你了解了什么？（播放相关视频）

四、了解端午节风俗

插艾草、吃粽子、挂香囊、悬钟馗像、赛龙舟、给孩子身上洒雄黄酒。

五、端午知识热身赛

举手抢答，答对者发一张小贴画。

1. 端午节在每一年的什么时间？

2. 下列哪个物品和端午节无关？

　　A．粽子　B．龙舟　C．月饼　D．雄黄酒　E．艾草

3. 根据提示说出这是端午节的什么物品。提示一：由花花绿绿的毛线编成。提示二：孩子们把它挂在胸前。提示三：里面放着很多中草药。

4. 说出三种端午节习俗。

5. 说出三种不同馅料的粽子。

6. 猜谜语：三角四棱长，珍珠肚里藏，要吃珍珠肉，解带扒衣裳。

六、小结

千百年来，屈原的爱国精神和感人诗篇，已广泛深入人心，因此，在我国有关端午节的民俗文化中，大家都把端午节与纪念屈原联系在一起。

第二课时　端午节赛龙舟

教学过程：

一、了解赛龙舟

赛龙舟，是端午节的主要习俗。相传起源于古时，楚国人因舍不得贤臣屈原投江死去，许多人划船追赶拯救。他们争先恐后，追至洞庭湖时已

不见屈原踪迹。之后每年五月五日人们划龙舟以纪念之。借划龙舟驱散江中之鱼，以免鱼吃掉屈原的身体。

二、看赛龙舟视频

播放赛龙舟视频，体会赛龙舟精神，并思考怎样使龙舟划得又快又好。

(①两边人数一致。②指挥官统一调度。③力往一处使，齐心协力，团结合作。④动作要一致、整齐。)

赛龙舟体现了什么精神？ 齐心协力、团结合作、奋勇争先的团队精神。

三、游戏

播放儿童赛龙舟游戏视频，讲解后，带领学生来到操场。

玩法：

学生分成五个人一组，每组五个学生都蹲下，后面的学生拉着前面学生的衣服往前划，哪一组学生先划过去就算赢。

规则：

1. 强调学生间团结合作，互相关爱。

2. 游戏中不能不顾别人一个人走，在龙舟进行时，应统一脚步，步伐整齐，领队的学生步子不宜太大，以免后面的学生掉队。

号子：

教师：划龙舟啊。学生：嘿，嘿！

教师：加油干啊。学生：嘿，嘿！

教师：快快划啊。学生：嘿，嘿！

教师：带对岸啦。学生：嘿，嘿！

四、在班里对本次活动进行总结

第三课时 认识粽子

教学过程：

一、"听"粽子

同学们，你们吃过粽子吗？粽子是我国的传统食品，关于吃粽子的习俗还有一段来历呢？哪位同学给大家讲讲？

你们知道的知识可真不少！是啊，屈原的爱国情怀深深地感动着老百姓，人们为了纪念他，端午节吃粽子的习俗便流传了下来。作为我国的传统食品，粽子既好看又好吃，还凝聚了中华民族的历史文化。今天老师带来了一些关于粽子的图片，咱们一起来欣赏欣赏，再来感受端午节浓浓的节日氛围。（出示图片）

看过之后，大家有什么感受？是啊，看得老师都垂涎三尺了。那大家想不想亲手包出既好看又美味的粽子呢？

二、"认"粽子

1. 包粽子需要哪些材料呢？（学生交流：粽叶、米、枣……）

2. 如果我们包粽子，要提前做哪些准备工作？（学生回答，并出示图片）

（1）糯米洗净后泡大约3个小时。

（2）粽叶用热水烫并洗净沥干。

3. 看来同学们生活知识还真丰富呢，那接下来有了这些材料，到底该怎么包好一个粽子呢？我们一起通过一段视频学习如何包粽子。（观看视频）

三、"赏"粽子

1. 老师带来了一些学生画的粽子，我们一起来欣赏一下吧！

2. 你喜欢哪幅画？为什么？（学生自由发言交流）

四、学生画粽子

1. 学生画粽子。

2. 全班范围内对学生的画进行评比。

五、实践作业

粽子是中国的传统美食，它"有棱有角，有心有肝，一身洁白，半世煎熬"。粽子寓意深刻，青色的粽叶寓意屈原文化万古长青，雪白的糯米表示屈原纯洁如玉的精神，棱角分明的形状象征屈原刚正不阿的品质，包在里面的红枣寓含屈原爱国忧民的一片丹心。

吃粽子也是对中国传统文化的一种传承，请学生回到家之后，和家长一起包粽子。这个端午节，学生不仅能够吃到自己亲手包的粽子，还可以带来和大家分享。

课程实施掠影

认识端午节

"赛龙舟"

课程实施感悟

走进端午节

端午节是我国传统节日,过端午节是中国人的传统习惯,由于地域广大,民族众多,加上许多故事传说,各地不仅产生了众多相异的节日名称,也有着不尽相同的习俗。一年级小学生对端午节了解很简单,仅限于吃粽子等。为了让学生深入了解端午节,我们举办了与端午节相关的主题活动。

我首先引导学生简单交流自己所了解的端午节,为了拓宽学生视野,我放了一段关于端午节来历的视频。当讲到端午节习俗时,学生提的问题五花八门:"为什么要吃粽子?""为什么要挂艾叶?""为什么要划龙舟?"……学生们也七嘴八舌地回答:"吃粽子是为了纪念屈原。""挂艾叶是驱邪。""划龙舟是因为屈原投江了,许多人想追赶,把屈原救下来。""有的地方小孩还挂香囊,也是辟邪。""就没有什么妖魔鬼怪,那是迷信。""香囊里放的是中药,它可以驱赶蚊子,不是辟邪。""有的地方写符念咒,那才叫迷信呢。"学生们争得面红耳赤。此时,我引导学生:"如今社会进步了,我们应该继承哪些传统文化呢?"孩子们在争论过程中,增强了对传统文化传承的意识。

端午节吃粽子,那透着芦苇叶清香的粽子是学生们的最爱之一。屏幕上出现枣子粽、火腿粽、赤豆粽……同学们一个个垂涎三尺,有的流着口水,有的踮起了脚尖,有的舔着嘴唇想大吃一场。孩子们在欣赏粽子的同时,增强了对我国传统文化节日的了解和认同,增强了对传统文化的感情。

主题二：季节课程

四个季节各有各的特点，本课程通过各种各样的活动，让孩子们更加深刻地了解多姿多彩的季节，更加热爱生活；让孩子们对每个季节都有了解，提升学生的认知。

版块一：季节课程之春天的古诗

《春天的古诗》课程设计

课程主题：

春天的古诗。

学情分析：

春天来临，阳光明媚，虫鸟唧啾，树木抽芽，百花绽放……一切令人赏心悦目。自然界这些变化深深地吸引住了孩子们，对于处在农村的学生来说，理解春天的古诗词并不困难，但对于城市的孩子而言，感受春天就有些难度了。我校学生从小接触古诗，一年级上学期已经背诵了《天天诵读》中的古诗，初步感受到了古诗的韵律美，对古诗产生了浓厚的兴趣。课前先让孩子们搜集、整理课内学过和课外的描写春天的古诗，课上引导学生诵读、感受、品味。同时，用古诗新唱的方式，让学生愉快地学习古诗。

课程内容：

《义务教育语文课程标准（2011年版）》指出："小学语文教学应注重培养学生热爱祖国语言文字和中华优秀文化的思想感情。"我国是一个诗的国度，诗歌像一股清泉，滋润着一代又一代的中华儿女，传承着几千年的文化精髓。古代诗歌，读起来音韵和谐，朗朗上口，是孩子们学习启蒙的一种比较好的方式，也是孩子们比较喜欢的一种学习方式。通过学习古诗，既可以让孩子们背诵一些古代诗词，又可以学习汉字、提高审美能力、激发学习兴趣，对落实新课标很有意义。小学生必背古诗80首中描写春天的古诗占的比例较大，这些诗词音韵优美，形象生动，意境清新，寓意深远。学生在老师的带领下走进自然，诵读古诗，让经典的古诗词不再只是简单的文字符号、晦涩的语句，而变成了春日里一幅幅迷人的图画，生动的影像，把中国源远流长的古诗词文化和大自然结合起来，激发了学生诵读古诗词的兴趣，提高了学生对古典诗词的感悟能力。《春天的古诗》将描写春雨、春鸟、春景的几组古诗放在一起进行教学，在引导学生理解诗意、感受作者思想感情的同时，对学生进行传统文化的熏陶。将语文学科的古诗词、美术学科的绘画和音乐学科的唱古诗融合在一起，培养学生的综合素质。

课程目标：

1. 了解古诗讲述的内容，通过古诗新唱的方式学习唱诵古诗，体会古诗的音韵之美。

2. 学习古代诗人借物抒情的写作手法，感受作者对春天的喜爱之情，运用诗配图的方式给古诗配上美丽的图画，体会古诗的意境之美。

3. 通过诵读、交流、绘画等自己喜欢的方法，将多彩的春天表现出来。

课程安排：

课程安排为四个课时，讲授《春晓》《草》《清明》《春夜喜雨》四首古诗。四个课时都在室内进行，通过看古诗、读古诗的方式来了解古诗的意思，感受古诗所蕴含的意境美和韵律美，感受春天的美，激发对春天的喜爱之情。

设计理念：

引导学生通过看图,培养他们观察、想象的能力。在讲解古诗的过程中,培养学生的口语表达能力。通过古诗音乐欣赏和学习,培养学生的唱诵能力。通过诗配图,培养学生的美术绘画和审美能力。

评价实施：

借助背诵、口述诗意、唱诵等进行评价。

第一课时　《春晓》

教学过程：

一、导入

人们都说"一年之计在于春,一日之计在于晨",春天是一年中最美的季节,而早晨则是一天当中最宝贵的时间,今天我们就一起去看看春天早晨的美丽景色。板书：春晓（学生齐读）。

二、看图，了解图意

1. （展示图片）启发想象。从图上看这是什么季节、什么时间的美景？图画中都有谁？它们在干什么？

春天，桃花开了，几只鸟站在枝头叽叽喳喳地叫着，燕子从南方飞回来了，雨下了一夜，地上到处是被风雨打落的花瓣。

2. 引导学生用自己的话完整有序地叙述图意。

3. 春天有什么特征啊？谁来说一说？

4. 春天你最喜欢什么呢？能不能和大家分享一下？

让我们来看一看作者是怎样描绘春天的，下面我们一起来学习这首古诗。

三、初读课文，读准字音，介绍作者

1. 教师范读古诗。

2. 介绍作者。《春晓》的作者是唐代诗人孟浩然，湖北襄阳人，大诗人李白的挚友，他一生没有做过官，大半辈子隐居农村，过着淡泊恬静的生活。年轻时曾漫游江浙，徜徉山水之间，历览自然风光。他擅于写山水诗，字里行间凝聚着对人生和山河的热爱之情。

四、学习古诗、理解内容

1. 解题：从图上看作者描绘的是什么时间的景色？（天刚亮的时候）

2. 春天的早晨是什么样的？谁来说一说你见到的春天的早晨是什么样子？

3. 春天的早晨和夏、秋、冬的早晨有什么不同？

4. 早晨醒来，作者听见了什么？看见了谁？

5. 春天的景色这么美，作者想到了什么？（齐读后两句）

春天这么美，你想到了什么？

6. 自由读古诗，结合生活，用自己的话说说整首诗的意思。

五、指导朗读

注意节奏和重音：

春眠／不觉晓，

处处／闻啼鸟。

夜来／风雨声，

花落／知多少。

六、学唱

播放谷建芬老师的《春晓》，学生学唱，用歌曲加深对古诗的记忆。

七、小结

学习了这篇课文，你感受到了什么？学会了什么？

扩展：春天的景色非常美，你们一定要珍惜春光，爱惜时间。

第二课时 《草》

教学过程：

一、谈话导入，激发兴趣

1. 小朋友，你们见过小草吗？它是什么样的？

2. 学生自由发言。（引导：在哪儿？什么样？有什么作用？）

3. 教师小结。

二、创设情境，感知理解

1. 出示挂图：这是什么地方？上面长满了什么？

2. 引导学生观察图画：小草长得怎么样？

3. 一天一天过去了，小草慢慢长大，秋天到了，有的小草变黄了，冬天不少小草都被冻死了。小朋友，你们担心小草会死掉吗？

4. 看看，春天又到了（出示图片），小朋友们又看到了什么？

5. 说一说每个季节的小草有什么区别？

三、朗读古诗

离离／原上草，

一岁／一枯荣。

野火／烧不尽，

春风／吹又生。

1．指导学生朗读。

2．指名读，集体评议。

3．学生跟老师有感情地朗读。

四、拓展延伸

1．听谷建芬老师的古诗儿歌《草》，学生跟着学唱。

2．播放有关草原的视频，让学生感受大草原的美景。

五、绘出草原

布置任务：绘制一幅有关草原的图画，可以配上自己的文字。

第三课时 《清明》

教学过程：

一、故事导入，观察讲述，引起学诗兴趣

1．教师根据古诗讲述"清明"的故事。

2．出示图片并提问，你在刚才的故事里，在这张图片上看到了什么呢？（古时候的一个小孩、一个老人……）他们在干什么呢？（在问路，在说话……）天气怎么样？（下雨）

二、观赏体验，感受古诗意境

1．小朋友们，你们知道现在是什么季节吗？（春天）

在春天呢，有一天是清明节，清明节人们都要干什么啊？（学生自由回答）

2. 小结：清明节是人们踏青扫墓的日子。古时候，有一位叫杜牧的诗人，就在这天写了一首诗，让我们一起来看一下吧！

3. 刚才我们看了幻灯片，知道了故事中的人在清明节做了什么事。

4．向学生介绍那个老人就是行人，那个小孩就是牧童，刚才看的那首诗，就是描写行人向牧童问路的情节。

三、朗诵，解读诗句

1．有表情、有节奏地朗读。

2．朗诵第二遍，请学生边听边对照图片内容。

3．在诗歌中听到什么？

4．解读其中的诗句，理解个别字词"雨纷纷""欲断魂""借问""遥指"，理解古诗内容。

四、学习朗诵，表达感情，感受古诗意境

1．教师朗诵第三遍，学生慢慢跟读。

2．分组学念，感受古诗意境。

3．教师请几个学生上来表演，教师在一旁进行指导提醒，注意表达合适的感情。

4．集体朗诵两遍，进一步感受古诗意境。

五、活动延伸

1．请学生把学会的古诗朗诵给家人听。

2．在图书区添设古诗图书，引导学生在区域活动中继续感受古诗意境。

第四课时 《春夜喜雨》

教学过程：

一、创设情景导入

在优美的音乐声中，教师导入：春姑娘已悄悄地来到了我们的身边，绵绵的春雨悄悄地下着，飘在果园，点红桃花；洒在树梢，染绿柳芽；落在田野，滋润庄稼；降在池塘，唤醒青蛙。小朋友们，你喜欢春雨吗？

春雨在古代被称为"喜雨"，唐代大诗人杜甫就写了一首《春夜喜雨》。今天，我们就跟随大诗人杜甫一起走进盛唐，去感受那场春雨。

板书课题：春夜喜雨。

二、小组合作，理解诗意

1．请同学们自由读古诗，边读边画出你不懂的词。

2．对于你不懂的词，看看能不能借助字典查出它的意思。

3．把自己的学习结果在小组里进行交流，再互相说一说自己对诗句的理解，互相补充，互相学习。

4．小组讨论。

5．汇报交流学习成果。

（1）交流时重点理解"知""时节""当""乃""潜""润"这些字词。

（2）用自己的话说说你对古诗的理解。

6．同学们真的很了不起！靠自己的努力理解了诗意。现在老师再考考你，看看你能否通过考验：再读读古诗，看看全诗是围绕哪个词写这场春雨的？

三、精读细品，感悟"好雨"，启发想象

1．读读古诗，想一想，为什么说这是一场"好雨"？一边读一边思考，把你自己感悟到的注出来，再和小组的同学讨论一下。

2．自读思考，小组交流讨论。

3．小组汇报，你们小组认为这场春雨的"好"表现在哪些方面？

（设计意图：学生的感悟能力就如杠杆上的支点，对人的发展来说，学生感悟能力的高低正决定着今后能否撬起这个"地球"。"感悟"既是一种心理活动，又是一种情感经历，还是一种审美体验。在一步步感悟"好雨"的引导中，学生进一步理解了诗歌，感悟到了古诗表达的意境，体会到了古诗的精练，也在悄无声息中受到了思想品德教育。）

4．学到这儿，你想说什么？

5．教师配乐朗读，学生一边闭目听，一边努力把诗歌的语言文字变成画面。

6．刚才，你仿佛看到了什么？再现想象。

四、赏读全诗，背诵全诗

1．自由练习读，努力把你对春雨的喜爱、赞美之情读出来。

2．配乐展示个性读。

3．师生互动背诵，同桌互背。

（设计意图：书读百遍，熟读成诵，是学习语文最有效的方法之一，读读、背背、想想，细细地体会，古典诗文将会在学生纯真的心灵上留下深深的烙印，丰富学生语言积累）

五、课外延伸，拓展阅读

交流自己在课外搜集到的有关描写春天的诗歌，教师相机出示写有有关诗句的课件，进行拓展阅读。

课程实施掠影

学生上台朗诵古诗

学生集体朗读古诗

课程实施感悟

墨香岁月，诗意春天

"墨香岁月，静静流淌，柔软的春风穿过料峭的寒流，在三月的枝头停留，温软的阳光透过厚重的阴霾，吻醒沉睡的生命，在一场细雨缠绵的润泽下，渐渐泛出盎然的勃勃生机，山水之间，便有了鹅黄嫩绿在眼眸间静默成诗！

诗意春天，看清风铺地为卷，看细雨斜洒成诗，站在春暖花开的季节里，抛却往日的闲愁。依着阳光里的暖，采撷岁月的芬芳，酝酿一份诗情雅致，借一指柔风做笺，折一枝嫩柳为笔，将馨香的花事，种进这醉人的旖旎春光里，于时光静然中，守一颗初心，念一个归人！"

人们都说"一年之计在于春，一日之计在于晨"，春天是一年中最美的季节，而早晨则是一天当中最宝贵的时间。学生从小接触古诗，一年级上学期已经背诵了《天天诵读》中的古诗，已经初步感受到古诗的韵律美，对古诗产生了浓厚的兴趣。设计《春天的古诗》，目的是将描写春雨、春鸟、春景的几组古诗放在一起进行教学，在引导学生理解诗意、感受作者思想感情的同时，对学生进行传统文化的熏陶。

现在的小学生物质生活丰富，学的东西也很多，但值得小学生背诵记忆的东西不是很多。小学时期是一个人记忆力最强的时期，古诗篇幅短小，工于音韵，句式工整，读起来朗朗上口。"小时不识月，呼作白玉盘，又疑瑶台镜，飞在青云端。"描写月亮形象生动，想象丰富，像这种贴近小学生生活、浅显易懂的古诗，真是信手拈来，《咏鹅》《绝句》《一望二三里》等，章学诚说："记诵者，学问之舟车也。"

古诗在遣词造句中讲究平仄、对仗、韵律。古诗内容丰富，春、夏、秋、冬，写景、咏物、抒情，应有尽有。小学生学习古诗，一方面可以锻炼口齿清楚伶俐、吐音准确流畅，另一方面能积累大量词汇，能丰富自身的文学语言。古人曰："熟读唐诗三百首，不会作诗也会吟。"多读诗，多背诗，能为其今后高雅风趣的谈吐、妙笔生辉的写作打下坚实的基础。

正因如此，在设计春季课程时，我们专门加入了"春天的古诗"主题活动单元，里面设计的古诗大多是学生们熟知的，如《春晓》《草》《清明》《绝句》等，很多孩子在上学前已经会背了。但是学生们对古诗的了解仅限于会背，并不了解诗意。所以设计这个主题课程的目的就是通过朗读课文理解古诗的内容，并能用自己的话说说这首诗的意思。通过学习古诗、品味古诗，感受古诗的韵味和语言美，体会作者热爱春天、珍惜春光的感情。

通过这个主题课程，我发现孩子的世界是天真的，充满着丰富的想象。在讲授《草》这首古诗时，第一句诗句是："离离原上草。"我问学生们："请看第一句诗'离离原上草'中的'原'字。大胆地猜一下，这个'原'字指的是什么？""草原。""是的。这里的'原'就是指的草原。'原上草'，就是草原上的草。草原上的草长得怎么样呢？谁见过草原，谁能说一说？"一个可爱的小男孩站起来，说："草原上的草长得很高，很密。""那你知道'离离'是什么意思吗？"这个小男孩有点沮丧地说："分离。""为什么是分离呢？"小男孩用很悲伤的语气回答我说："小草和草妈妈要分开了。"我诧异地问："你怎么觉得是要和草妈妈分开了？"小男孩略带哭声说："因为冬天马上要到了，小草要变黄了，所以要和妈妈分开了。"好可爱的孩子呀，说话时语气中还带着悲伤，感觉他自己就是小草，马上要离开自己的妈妈一样。于是我跟他解释，"离离"其实是茂盛的意思。"离离原上草"就是草原上的草长得非常茂盛。

课下回想时，我觉得当时没有打断学生的想象是正确的，孩子的世界是单纯的、美好的，他们的小脑袋瓜里有很多天马行空的事物，我们应该允许孩子的想象，这样才能真正地走进他们的世界，真正地理解他们的想法。

春天是美好的，学生们也是可爱的，通过春天的古诗，让学生们真正地走进古诗文的世界去了解春天，感受春天。我们也能从课堂中，理解学生，走进学生的内心世界。

版块二：季节课程之可爱的动物

《可爱的动物》课程设计

课程主题：

可爱的小动物。

学情分析：

低年级学生与动物有着天然的亲切感，有的尚处于"万物有灵"的认识阶段，有非常强的同情心，看到小猫、小狗就喜欢去接近，而且喜欢用手去摸，还会给它们喂食，但其中也有潜在的危险——学校每学期都有学生被猫、狗抓伤、咬伤的事情发生。因而，在低年级学生爱护动物、愿意与动物亲近的同时，还需要对他们进行安全自护的教育。

课程内容：

课程通过猜谜语、欣赏动物图片、画动物、讨论交流到最后的拓展游戏，可以让孩子在了解动物的同时，学会当危险发生时自我保护的做法等。

本课程融合了音乐、语文、美术、科学、体育等学科，多学科的融合使课堂变得丰富多彩，氛围更欢快、更自然、更利于孩子接受。

课程目标：

1. 引导学生欣赏大自然的美。

2. 了解动物，对身边动物有亲近感，提高珍爱动物生命的意识，激发学生对生命的热爱，对自然界有好奇心。

3. 乐于探究，在爱护动物的同时，懂得与动物相处时保护自己的方法。

教学过程：

同学们，在上课前，老师先给大家放一首音乐，看看谁的耳朵最灵，把你听到的声音记下来，一会儿找人来说。

活动一：猜谜语

用猜谜语的方式介绍不同的小动物。

活动二：我喜欢的动物

正是因为有了这么多生机勃勃的动物朋友，这个世界才变得更加丰富和美好，所以我们要善待动物朋友。生活中有很多人都在用行动关爱着身边的动物，从他们身上，老师深切地体会到人类对动物的关怀和爱护。

小组内交流，你最喜欢什么动物？你家里或邻居家里饲养过什么小动物？

小结：同学们，动物和我们人类一样，都有着宝贵的生命。它们与我们共同生活在地球上，是我们的朋友。

欣赏动物图片。请同学们用画笔画出你喜欢的小动物，注意抓住动物的特征，然后同桌交流，选出最好的进行展示。

活动三：我和我的动物朋友

生命如此美丽，世界上所有的生命都有生存的权利，让我们去了解并试着珍爱一切生命。

看看下面这些小朋友和他们的动物朋友是怎么相处的。

活动四：怎样才是真喜欢

观察下面图片，这些孩子的做法对吗？为什么？（展示伤害小动物的图片）

真正的喜欢是关心爱护，不能因为自己不喜欢就去伤害它们，大自然才是它们的家，我们应该保护它们，与它们和谐相处。

活动五：别让自己受伤害

1．与动物接触应注意哪些事项？

2．了解"交友原则"有哪些。

3．遇到陌生的动物不要去接触，它们有可能具有攻击性。一旦被动物抓伤也不要太担心，立即告诉家长或老师，去医院做检查，注射疫苗。

活动六：动物老师

同学们，其实很多小动物是我们人类的老师，比如蛇、青蛙、鸟、鱼等。

我们一起来看人类是怎样根据动物的特点研究出这么多东西的（展示相关资料），分享故事《我和小蜻蜓》。

小结：小动物和我们生活在同一个地球上，我们要爱护动物，保护动物。当我们在家中饲养宠物时，一定要照顾好它们，不要遗失它们。让我们和这些小动物快快乐乐地在这个地球上生活吧！

户外活动："萝卜蹲"小游戏

一组8人，每个人选择一个你最喜欢的小动物，选中哪个小动物，你就要扮演哪个小动物。游戏喊到谁的名字，谁就要扮演自己所代表动物的肢体特征并蹲下去，演错的同学现场表演小节目。

课程实施掠影

学生画笔下的动物

课程实施感悟

可爱的动物

《可爱的动物》这一课意在唤起学生对身边的小动物的亲近感、好奇心，鼓励学生去探索神奇的动物世界，教育学生要爱护动物，懂得与动物相处时该如何保护自己。本课重在让学生去观察、了解动物，明白动物和我们一样也有生命，需要我们尊重和爱护。同时感受动物与自己在大自然中同生共长时，保护自己的安全。

本节课中，学生们的积极性还是很高的，因为不少学生家中养有小动物，所以很容易找到共鸣。再加上小动物普遍比较可爱，也深受学生们喜爱。为了不让本节课变成说教课，我安排了一些课堂活动：猜谜语、组内交流你喜欢的小动物、欣赏小动物图片并抓住其特征去描绘一幅你最喜欢的动物、讨论怎样才是真喜欢和如何不让自己受伤害、动物老师和"萝卜蹲"游戏。其中最受孩子欢迎的是"萝卜蹲"，爱玩是孩子们的天性，游戏环节的加入可以有效调动学习积极性。学生们在画自己最喜欢的小动物这一环节中表现也很踊跃。在我带领同学们观察图片上小动物的特征后，他们一个个拿起画笔信心满满地画了起来，并且记住了我的嘱咐（画面可以多加一些装饰如花草、树木、房屋等，让你的画面铺满，色彩尽量饱满）。二十分钟下来，大部分学生草稿已经打好，一些学生颜色画了一部分，由于时间关系，我让他们带回家，把它当成家庭作业。后来的"别让自己受伤害"也让我感触很深，记得当时出示幻灯片后，我问学生们与动物接触应该注意哪些事项，还有如果受伤害应该怎么处理时，很多学生举手来回答，说得很好，大家都知道流浪猫、流浪狗碰不得，也知道受伤后首先要冲洗伤口表面，然后立刻告诉家长，尽快到附近打狂犬疫苗。这让我感觉学生虽小，但是安全意识和自我保护意识还是很强的。我这节课进行得非常顺利，学生们畅所欲言，把自己知道的都急着拿出来跟大家交流分享，氛围特别好。

最后的游戏活动"萝卜蹲"，我改变了原来的规则：8人一组，每人选择一个你最喜欢的动物，然后作为你的名称进行游戏（如与他人的重复，则两人商量一人换名称），说完规则，我问："清楚了吗？"不少学生站起来迫不及待地说："清楚了，清楚了。"

本节课内容比较丰富，课堂上的很多东西都来源于生活，用学生们喜欢的方式去授课远比教师不停地说来得更实际，我们应该更加注重学生的体验，多听取他们的想法，让他们多说、多锻炼。

版块三：季节课程之分工合作找证据

《分工合作找证据》课程设计

课程主题：

分工合作找证据。

学情分析：

一年级学生由于年龄较小，单纯的知识灌输并不会收到很好的教学效果，所以本课采用了竞赛的方式，大大地激起学生的注意力和兴趣，再加上竞赛的内容是学生喜欢的小动物，更能激起学生的兴趣。

经过一个学期的学习，学生已经初步有了小组意识，但对于小组分工合作普遍比较陌生，需要在教师指导下进行。对于小组分工后自己负责的任务大部分学生不是很了解，需要教师进一步明确任务。小组分工还需要通过活动多次巩固。

低年龄段的孩子比较爱说，所以要让学生进行分享，老师也要大力鼓励学生大胆上台讲话。在课堂中也让学生积极参与到讨论中。

课程内容：

本节课通过一系列的小竞赛游戏让学生认识到合作的力量、合作的魅力，进而让学生在活动中与同学主动合作，通过活动让学生认识合作、了解合作，让学生体验到没有分工合作学生就会低效和容易出错，然后再体验分工合作后的高效，通过对比，让学生知道生活离不开合理的分工与合作。将合作带入学生的学习环境，帮助学生掌握一种学习方法。

本节课将科学学科的一年级下期准备单元、数学学科的数数、语文学科的口语交际、道德与法治的分工等内容融合成这一节课。

课程目标：

1. 在教师的指导下，经历分工合作找证据的过程。

2. 培养学生养成合作的精神，锻炼学生组织协调能力。

3. 在教师的指导下，了解进行科学探究是需要制定详细计划的。

课程安排：

课程安排分为三部分，第一部分通过简单的数动物的腿展开竞赛的序幕，通过第一部分首先让学生认清哪些是动物的腿、哪些不是动物的腿。让学生对"腿"的概念有一个大致的区分。第二部分安排学生进行集体的"时间竞赛"——在规定的时间内完成数动物腿的四关小竞赛。游戏的设计也由刚开始的简单到后面越来越难。第三部分让学生经过上面的比赛自己找到更快更准的数数方式，通过自己的思考想到"合作"。

课程设计理念：

针对一年级学生年龄小、好动、自制力较差等特点，在进行教学活动中应尽可能有趣味性，宜以活动和游戏为主。教师在教学策略、设计教学流程时应注重自主、合作、探索的学习方式，让学生在有趣的活动和游戏中自主学习新知识、运用新知识。在教学中以"认识动物，按腿的数量给动物分类"这种简单易行的活动为载体，把一个大活动分解成几个层层递进的小活动，为学生科学概念的形成搭建一个又一个"小、矮、密"的阶梯，引导学生参与到科学探究过程中来，逐步提高他们的科学素养。在活动过程中，教材强调游戏要做到公平，培养学生用证据说话的科学意识，从细节上落实科学课的教学常规。

评价实施：

本课的评价，以过程性的随堂评价为主要形式。

1. 整节课的游戏活动通过小组评比形式进行，增强小组合作的意识和小组荣誉感。

2. 在活动过程当中，强调游戏要做到公平，及时表扬严格遵守游戏规则的学生，提醒违反游戏规则的学生。

3. 在小结时让学生谈谈游戏体会，借此反思顺利闯关和闯关失败的原因，对进行科学分工合作的小组给予肯定性评价。

教学过程：

一、创设参观动物园的情境

1. 引导学生发现不同动物的腿的数量不同。（课件显示场景图及问题）

科学探究小组参观动物园，他们发现不同动物的腿的数量不一样。有同学认为动物园里2条腿的动物多，有同学认为4条腿的动物多，也有同学认为6条腿的动物多。究竟谁的看法正确呢？怎样判断？有证据吗？

2. 引出活动目标：观察，找证据。

我们要用证据来说话，今天这节课，我们一起来找证据。（板书：找证据）

二、热身活动：数一数，每种动物有几条腿

1. 课件依次显示8种动物图片，让学生说出图片上动物的名称和腿的数量，重点数6条腿的动物，区别触角和腿，强调没有腿的动物。

我们来看看会遇到哪些动物？我们遇到的第一种动物是什么？它有几

条腿？同学们伸出右手跟老师一起来数一数，七星瓢虫有几条腿？（大部分学生回答：6条腿）

头上的这两个是触角，不是腿，用来支撑身体和行走的部分才叫腿。鱼有几条腿？（略）

2. 按腿的数量把动物分成三组（2条腿、4条腿、6条腿），并统计每组动物有几种。

我们一起来找证据，把这些动物分为三组统计一下，看看几条腿的动物最多。2条腿的动物有多少种？4条腿的动物有多少种？6条腿的动物有多少种？在这个动物园中，数量最多的是几条腿的动物？（学生有可能回答4条腿的动物）

接下来，我们一起来玩科学闯关游戏，游戏中我们将去不同的动物园参观，看看是不是每个动物园都是4条腿的动物最多。

3. 游戏规则：指导学生了解科学闯关游戏规则。

播放录音：欢迎同学们来挑战科学闯关游戏！每一关游戏将参观一个动物园，参观时间为1分钟，当音乐响起时参观开始，请你数一数每种动物有几条腿，并把统计结果填写在《学生活动手册》的记录单上。音乐停止后参观结束！记得把笔放在记录单上面，坐端正哦！同学们，你们准备好了吗？

4. 闯关游戏。请同学们拿出《学生活动手册》，填写第一关记录单。听完导游的解说，音乐响起，游戏正式开始。

指导学生完成游戏第一关：出示4种动物简图，按照腿的数量把动物分成2组（2条腿、4条腿），并统计每组动物有几种。时间1分钟。

播放录音：游戏第一关！欢迎同学们来到实验小学动物园，在动物园中你将遇到4种动物，请你找一找2条腿的动物有几种，4条腿的动物有几种，并填写第一关记录单。

同学们在第一关所参观的动物园中，找到证据证明是几条腿的动物最多？（学生有可能回答：2条腿的多、4条腿的多）

第一关游戏结束，全班齐答第一关游戏结果。

我们一起来回顾大家在游戏第一关中看到的动物，一起来找证据。回放第一关的4种动物，统计2条腿、4条腿的动物分别有几种。每统计一种动物，就在该图片上显示此动物的腿的数量。

恭喜同学们顺利闯过第一关，给自己鼓掌。

指导学生完成游戏第二关：出示8种动物图片，按照腿的数量把动物分成三组（2条腿、4条腿、6条腿），并统计每组动物有几种。时间1分钟。

播放录音：游戏第二关！欢迎同学们来到小镇动物园，在动物园中你将遇到8种动物，请你找一找2条腿的动物有几种，4条腿的动物有几种，6条腿的动物有几种，并填写第二关记录单。

接下来我们来挑战第二关。认为2条腿的动物多的同学请举手，认为4条腿……

第二关游戏结束，全班齐答第二关游戏结果。

几条腿的动物多？（2条腿的动物多）

我们一起来回顾大家在游戏第二关中看到的动物，一起来找证据。

回放第二关的8种动物，统计2条腿、4条腿、6条腿的动物分别有几种。每统计一种动物，就在该图片上显示此动物的腿的数量。

在第二关中，我们找到的证据能证明是4条腿的动物多。顺利通过的同学请给自己鼓掌！

指导学生完成游戏第三关：出示 12 种动物图片，规则如上。

指导学生完成游戏第四关。

进入第四关，我们来听一听导游的解说。

播放录音：在动物园中你将遇到 20 种动物，请你找一找 2 条腿的动物有几种，4 条腿的动物有几种，6 条腿的动物有几种，并填写第四关的记录单。

请翻到记录单的背面，进入第四关，看看谁能挑战成功。（播放音乐，学生填写第四关记录单）

这一关的难度有点大哦，谁来说一说？第四关找到证据证明，显示几条腿的动物多？（学生有可能回答 4 条腿的动物多、6 条腿的动物多）

但是我们还有很多同学找到的答案不同。我们来思考一个问题：怎样才能以最快的速度闯关？（学生可能回答：分工合作就能快速找完）

怎样分工合作呀？（一个人数一类，画正字）

哇！一个人数一种。同学们可以试试这种方法，看看这样找证据会不会更快。我们来看看这是什么场景？（学生回答：值日场景）

图片展示我们平时值日搞卫生的场景。说一说，在这幅图中，他们是怎样分工合作的？（有人扫地，有人擦桌子，有人擦黑板）

这里有几个同学一起值日，每个人有不同的工作，这叫作分工；一起来完成任务，叫作合作。

刚才有同学说分工合作找证据会更快，我们来看看分工合作以后会不会比原来更快更准确。（回忆闯关过程，讨论分工与合作）

课程实施掠影

在游戏中培养学生分工合作找证据

课程实施感悟

分工合作找证据

通过一节"分工合作"课培养学生认真观察的习惯，让学生通过闯关比赛慢慢地认识到合作的意义和价值，进一步深入了解合作。一年级的学生经历过上学期的学习，对于合作是有一定认识的。本节课中，教师进一步引导学生，让学生亲自去体验合作带来的好处，培养学生的组织协调能力，有些学生争当组长，锻炼了领导能力。希望学生能够通过一节简单的闯关课喜欢上合作与分工。

根据一年级学生喜欢游戏的性格特点，再加上学生喜欢动物的心理，整堂课学生的兴趣度是很高涨的。在课程刚刚开始的时候，教师给学生创造了一个观察动物园的教学情境，引出了一个疑问，希望学生们帮助解决。学生对于可以解决老师的难题是很兴奋的，让学生知道老师也会遇到难题的，这拉近了老师与学生的师生关系。教学中的老话经常说："良好的师生关系是顺利展开教学工作的开端。"有了这个教学情境，我对本节课进行了如下的安排：首先，告诉同学们我们这节课需要去很多动物园里面闯关，在闯关之前让学生通过一个小小的游戏知道脚与触角的区别，并给学生讲清楚闯关的规则；其次，在教师的指导下进行四次闯关，但只有小部分的学生可以通过第四关；最后，让学生在教学情境矛盾中进行思考，找到解决办法。学生通过思考认识到合作。

在本节课中，学生还是很喜欢闯关游戏的。在闯第四关的时候，规定一分钟之内数完20多种动物的难度系数比较大，班里面只有极个别的学生可以完成。这时看到了一个场景，在平时学习生活中性格比较活泼的学生，对于这次没有闯关成功并没有什么感觉，但有些学生却不同，有些学生甚至会因为这次没有达成目标而哭泣。面对这样的情况，如果老师没有及时安慰这些学生，对学生无疑是一种心理伤害，有些"认真"的学生会因为一次小小的失败影响到学习情绪，会认为自己不行，自己的能力不够。老师应及时地鼓励那些没有完成目标的学生，比如"老师在这里想要表扬这些同学，虽然他们没有完成这次闯关，但在闯关的时候这些同学很认真"。一句简单的话说完，那些"认真"的同学嘴角上便会露出笑容。本节课的目标便能更好地达成。

版块四：季节课程之我们爱整洁

《我们爱整洁》课程设计

课程主题：

我们爱整洁。

学情分析：

小学阶段正是学生养成好习惯的关键时期，从小养成整洁、卫生、细心、惜时的好习惯，对完美人生是非常重要的。

课程内容：

本课促进学生养成整洁、文明的好习惯，注意自己的仪态、仪表，有良好的自我认同感。本节课将让学生认识整洁的概念，知道整洁是文明的象征，是良好的精神面貌的外在表现，是美的表现，但只有长期坚持做到爱整洁、讲卫生才能形成好习惯。让学生从关注自己的仪表、仪态开始，逐步形成良好的自我认同感。

课程目标：

1. 教育学生初步懂得什么叫整洁，人和环境为什么要整洁。
2. 培养学生爱整洁的良好习惯。

课程安排：

首先，引导学生领会课程主题整洁的含义。其次，围绕在家如何做到整洁、如何保持学校整洁，以及我们周围整洁的环境应该怎么保持等问题，与学生共同交流，共同发现。最后，通过游戏展现学生动手能力，促进学生养成个人整洁的好习惯。

教学过程：

一、导入

同学们已经是小学生了，很多事情已不需要爸爸妈妈帮助了。能告诉大家，你每天起床后都做了些什么吗？（穿衣、扣扣子、穿鞋、系带子……）

很多同学都非常能干，学会料理自己的事了。那你会整理房间、打扫教室卫生，并保持它们的整齐清洁吗？今天，我们就来学习《我们爱整洁》，看一看什么叫整洁和怎样做到爱整洁。

二、学习新课

1. 在家爱整洁

（1）出示课件，领会"整洁"的含义

出示两块手帕图片：这块手帕干净吗？另外一块呢？（书包图片）这个书包不仅外面脏，再看里面的书本放得怎样？我们说，这个书包不干净、不整洁。

出示图片：这些小朋友的家干净又整齐。我们说他的家很整洁。

（2）了解"按时"的含义（小组讨论）

你们知道清晨大约是指什么时候吗？（天刚亮）

你每天几点钟起床？是谁叫醒你的？每天都在这个固定的时间起床，就叫按时起床，"按时"是一种良好的习惯。

(3) 提问：起床后，你做些什么事？怎样做的？

(4) 讲述：我们所做的这些事都是围绕着个人卫生来做的。你们看，××同学穿的衣服多整齐，××同学的手、脸洗得真干净，××同学的头发（小辫）梳得真整齐……他们真整洁。

(5) 除了个人卫生做得好，你房间里的被子谁叠？枕头、床单谁铺、谁掸？桌子谁来抹？我们应当自己的事自己做。（指定学生复述自己平时的做法）

2．在学校爱整洁

了解学校环境整洁的表现与保持环境整洁的方法。

(1) 清扫教室的步骤是怎样的？

(2) 为什么要先开窗户，再洒水、擦黑板、扫地、抹桌椅？不这样做会怎样？步骤颠倒又会怎样？为什么？

(3) 老师为什么要夸奖我们？是怎样夸的？

3．身心健康与环境整洁

(1) 为什么生活在干净、整齐的环境里才会真开心？

(2) 怎样才能长久保持这样的美好环境？（指定学生上台表演、操作）

(3) 小结学习内容。

三、文明礼仪渗透：反馈检测

1．游戏

比赛穿衣、系鞋带。请四位同学脱掉外衣，解开鞋带，看谁最先穿好衣服、系好鞋带。

2．思考题

回家跟家长说一说，怎样才算整洁？打算以后怎么做？

课程实施掠影

课堂上，同学们表现得十分积极

课程实施感悟

我们爱整洁

这一课程设计非常简明。我们首先通过阅读教师出示的资料，学生认识什么是整洁；接着，让学生进一步明辨生活中的整洁；随后，让学生知道怎样保持整洁；最后，让学生知道为了自己的成长，一定要保持自身整洁，才能有愉悦的身心。

这节课从家里的整洁出发，从学生早上起床的时间到起床后都做些什么、个人的卫生、被子谁叠等情况开始讲述自己的情况，学生们一个个表现得很积极，都很愿意跟大家分享。接着说到我们在学校要怎样做，应该怎么打扫卫生、如何保持环境整洁，这一环节可以看出来学生们很爱劳动，并且愿意展示自己，一个个都大声说扫地、拖地、擦窗户等，还说做得好就会得到老师的表扬，别人看到也会开心，学习起来会很舒服。学生都觉得整洁的环境会让人很开心。整洁是一个人文明生活方式的外在表现，对于一年级的学生来说，要认识到这一点并不容易。只有懂得了整洁是美的，美会给人带来精神的愉悦，学生才会主动地关注自己的仪容，注意自己的卫生。在最后一个环节，我进行了一个穿衣服的比赛，让学生把外套、红领巾、鞋子都脱下，比比看谁先穿戴好，要求不但要快，更要穿戴整齐。学生们一个个都跃跃欲试，争着要上来展示一下，为了多给他们展示自己的机会，我多找了几组学生。比赛开始了，下面是学生们抑制不住的加油声，讲台上，三个参加比赛的学生有的在有条不紊地进行着，有的则手忙脚乱且不停地看别人是否超过自己。很快，大家穿完了，大致上看，都穿好了，可仔细看并不是。我让学生观察，谁穿得最整齐，谁穿得不是很到位。学生积极发言，说出穿得好的同学是谁，因为什么，谁穿得不太好，又是因为什么。通过直观的对比，让学生看到了整齐与不整齐。最后我问，大家觉得我们身为一个小学生，自己穿衣打扮应该怎么样？下面大喊穿衣整洁。然后我留了家庭作业：回家跟家长说一说，怎样才算整洁？你自己又打算以后怎么做？

版块五：季节课程之春天的故事

《立春的故事》课程设计

课程内容：

通过学习传统绘本《立春节》，引导学生通过图画感知春天的气息；了解我国传统节气"立春"的由来、风俗和对应的农谚等，读懂立春节的故事，从而帮助学生对传统节气立春有深入的认识。

学情分析：

1. 一年级学生对于绘本有着浓厚的学习兴趣，喜欢画画，喜欢读故事。

2. 学生们很喜欢春天，他们觉得春天天气温暖、植物很多，但是对于春季是从哪一天开始的却不了解。

3. 学生对四季有一定的认识，但是对于立春节的历史由来、风俗等了解甚少。

课程设计理念：

一年级的学生还是以形象思维为主，对于图画、绘本等色彩鲜丽的画面有浓厚的兴趣，以学生们喜欢看的绘本《立春节》来贯串本次活动，符合低年级学生的认知特点，学生们乐于参与。

课程目标：

1. 知道一年四季的不同特点，能说出一个词语代表自己喜欢的季节。

2. 通过绘本的学习知道立春节的来历，能简述立春节的小故事。

评价实施：

依据课堂发言次数、小组讨论参与度等，以教师课堂上口头表扬和课后评价为主。

教学过程：

一、谈话导入

一年四季中，每个季节都很有特点。你最喜欢哪个季节？能说说喜欢的原因吗？（指名回答后适时板书四季特点的词语各一个）

介绍关于四季的词语。（幻灯片展示）

现在是春天，你知道和春季相关的故事吗？（指名回答）

小结过渡：春天是万物复苏的季节，我们一起看看春天是从哪里开始的吧！

二、学习绘本《立春节》

1. 播放幻灯片《立春节》，学生看图，整体感知图画内容。

2. 通过图片，你看懂了什么？（指名回答）

3. 教师讲述《立春节》绘本内容，学生认真倾听。

4. 通过学习绘本《立春节》，你知道立春节的由来和相关民俗了吗？谁能简单说一说？

三、拓展延伸

立春是我国二十四节气中的一个，你还知道哪些节气呢？请在4人小组内讲一讲。

学生小组讨论，选出代表向全班汇报。教师适时点拨。

教师介绍二十四节气。(幻灯片展示)

四、小结反馈

今天我们读了发生在立春时的故事,了解了立春的民俗,相信同学们对立春都有了更深的认识。请你在小组内和同学们交流你对立春最感兴趣的地方,可以是一个故事或者一个风俗。

每小组派一名同学代表本组在全班展示。

五、教师总结,布置实践作业

1. 同学们讲的故事生动有趣,我也被立春时节的种种事物诱惑到了。看来我们可以在春天做很多有趣的事情。

2. 布置活动作业,请从下面的内容中任选一项完成。

(1) 和家人一起制作一种立春节的食品。

(2) 种植一棵植物。

(3) 画一张春天的图画。

课程实施掠影

立春活动

学生笔下的春天

课程实施感悟

以故事切入,带学生走进立春

进行主题课程《立春的故事》时,我先给学生们进行了谈话导入,问到:"一年四季中,每个季节都很有特点。你最喜欢哪个季节?能说说喜欢的原因吗?"没有想到的是大多数孩子对春天的特点描述只是天气热了、花开了、草绿了等。可见学生们对春天的了解还不够深入,而且对于春天是从哪里开始的,孩子们普遍说不出来。针对以上这种情况,我将传统绘本中《立春节》这个故事作为主题活动的重点进行讲授,以故事为切入点,带学生走进春天,了解从古至今关于春天的节气、民俗特色等。

通过让学生看一张张有民俗特色的立春节绘本图片,整体感知图画内容后,再次和学生交流:通过图片,你看懂了什么?这次的回答举手人数就多了,他们能通过图片上各种带有春天气息的细节之处,发现春天的变化。

在学生们有了具体的发现后,老师再详细讲述《立春节》绘本内容,学生们非常认真。通过学习绘本《立春节》，他们知道了立春节的由来和相关民俗，并能简单说说。

通过这次《立春节的故事》课程的讲授，我最大的感触是学生们都有一双善于发现的眼睛，开始时学生们对春天没有什么可说的并不是他们没有观察，而是他们不知道该从何说起，这也符合一年级学生的身心特点。通过及时进行教学调整，给予学生们可以直观看到的绘本图片，然后让他们看图联系生活谈谈春天的变化时，孩子们说得就很具体了。

所以在以后的教学活动中，我要多留意孩子们对问题的反馈情况，及时分析，调整教学思路，这样才能收到良好的效果。

《想吃苹果的鼠小弟》课程设计

课程内容：

讲授绘本《想吃苹果的鼠小弟》，引导学生从绘本中发现、提出、分析数学问题，并尝试解答，知道人人有特长，帮助他人与朋友分享是件快乐的事。本节课融合了语文、数学、心理健康等学科的内容，通过绘本阅读，促进学生对季节的了解。

学情分析：

1. 一年级的学生虽然识字量还不是很大，但是对于绘本并不陌生，能借助绘本中的图读懂故事。

2. 本节课的教学是要在此基础上，引导学生续编故事，能从中发现、提出、分析数学问题，并尝试解决。

3. 最终能知道人人有特长，感受帮助他人、学会分享的快乐。

课程设计理念：

基于融合课程的理念，选取适合一年级学生的绘本，借助绘本这一载体，使学生在理解的基础上进行整合学习。通过"我读懂了""我来讲故事""我发现了""我感受到"这几个层层深入的环节，将绘本中涉及的语文、数学、心理学科的知识进行整合学习。

教学目标：

1．理解绘本《想吃苹果的鼠小弟》故事内容，并且能复述，会续编。

2．能从绘本中发现、提出、分析数学问题，并尝试解决。

3．联系自身，知道人人有特长、帮助他人、与他人分享是件快乐的事。

教学过程：

一、谈话导入

你们在动画片里看到过的小老鼠是什么样子的？小老鼠有什么本领吗？

有一个可爱的小老鼠，它看见了树上的大苹果（画出 8 个苹果），揭示主题：想吃苹果的鼠小弟。

二、整体感知绘本故事

1．屏幕展示绘本《想吃苹果的鼠小弟》第 1～27 页图画内容，引导学生认真观看图画，整体感知故事情节。

2．反馈：我看懂了什么？感受到鼠小弟什么样的心情？（指名回答，适时板书）

三、学习绘本，复述故事

1．待学生观看完绘本，指导学生完整生动地描述当页故事内容。

2．教师导学注重以下方面：

(1) 引导学生观察树上苹果数量的变化。总共 8 个苹果，来了 6 个动物，

每个拿走1个苹果，树上只剩2个苹果。(结合苹果树，引导学生说出相关数学问题并尝试解决)

(2) 引导学生体会鼠小弟的心情变化。(想吃苹果—看苹果一个个减少，自己吃不到苹果着急—海狮来帮忙—分享苹果开心)

(3) 引导学生观察每个动物的特点。故事的结局会是怎样的？鼠小弟最后吃到苹果了吗？如果吃到苹果了，是怎么拿到苹果的？

(4) 鼓励学生自己思考，续编故事。先在四人小组内交流，然后全班汇报。

四、续编故事，启发思考

1. 同学们讲的故事结局合情合理，而且很有童趣。我们一起看看作者编的结局是怎么样的。(再读故事，可以采用分角色读、表演读等多种方式)

2. 学生表演读方案设计

学生分角色戴头饰加动作表演讲故事，故事表演结束后，请小演员们拿着苹果站在一起，请同学们用自己制定的标准给苹果或者演员分类。

教师导学时注意：学生分类时可以按自己制定的标准来进行。(如，苹果的分类：大小、材质、颜色；表演的学生分类：男女、高低、所戴头饰等)

小结过渡：同学们能发现问题并尝试解决，这就是我们的本领。小动物们也一样，都有自己的特长或者本领，你最喜欢故事中的哪个动物，为什么？(指名回答，尽可能说到每个动物)

五、联系自身，总结提升

1. 同学们喜欢能主动帮助别人的海狮，能和海狮合作并分享苹果的鼠小弟。看来，能利用自身特长帮助他人的人更受大家喜爱。

2. 想想自己帮助过谁；谈谈你帮助他人后的心情怎样。

帮助别人是件快乐而幸福的事情。希望我们以后都能多多体验这种幸福的感觉。

3. 通过这节课你学到了什么？

总结：同学们不仅会讲这个故事，还能从中学习到有关数学和心理课的知识，相信这些知识和鼠小弟吃到的苹果一样香甜，也祝愿同学们以后能通过自己的努力获得更多的知识。

课程实施掠影

学生复述故事

课程实施感悟

吃到"苹果"的孩子们

讲授有声绘本《想吃苹果的鼠小弟》时，我在课堂上引导学生先观察图片内容，学生们都能很容易地说出故事中的动物有哪些，也都观察到苹果树上苹果数量的减少，说明一年级的学生能从绘本中读取到故事大意和绘本中的相关数学信息。基于学生们的理解，说出树上总共8个苹果，来了6个动物，每个拿走1个苹果，树上只剩2个苹果。结合教具苹果树，引导学生说出相关数学问题并尝试解决后，老师再引导学生们听这个故事，教学过程中让学生体会鼠小弟的心情变化。这样的设计对于学生来说很好理解，接下来的表演中，学生们一看到一个个动物头饰后更加兴奋了，他们分角色戴头饰加动作表演讲故事时，天真可爱的样子、充满童趣的语言让这个绘本更加生动了。学生的表演读内容超出老师的想象，所以专门设置了续编故事环节，让学有余力的学生们有发挥的机会。故事表演结束后，请小演员们拿着苹果站在一起，请同学们用自己制定的标准给苹果或者演员分类。这样自然的教学流程，让同学们在学习绘本中能将数学学科中的分类进行巩固学习。

通过本次的主题活动，学生们不仅能复述故事内容，还可以整合学习其他学科的知识，真是一举多得。像绘本中想吃苹果的鼠小弟一样，学生们在这个活动中能够综合地学习和绘本内容相关的学科知识，这样的高效学习是学生们在本次主题活动中吃到的最大的"苹果"。

《班级里的故事》课程设计

课程内容：

《一年（3）班的胡小闹》和《一年（3）班的小樱桃》中的两个小故事。本次主题活动中更多融入了语文学科的口语交际和阅读训练。在写写画画环节中融入了美术学科的儿童画创作和语文学科的写话训练。

学情分析：

学生们已经从入学新生成长为一名合格的小学生了，发生在他们身上或者同学之间的事情有很多，这些都是他们交流写话的素材。

爱听故事、看绘本的他们对《一年（3）班的胡小闹》和《一年（3）班的小樱桃》中老师节选的彩图配文的两个小故事一定很喜欢。尤其是这两个故事讲的也是一年级小学生的事情，会让学生们有很多共鸣。

课程设计理念：

选取适合一年级学生喜欢的书中两个故事，一个男生故事和一个女生故事，借助图文对照的幻灯片展示，使学生在理解的基础上进行学习。

课程目标：

1. 能读懂《一年（3）班的胡小闹》和《一年（3）班的小樱桃》中老师节选的彩图配文的两个小故事。

2. 能较完整地讲出自己一年来学习生活中的一个故事。

3. 能仿照书中小故事的讲述和配画方式，画出自己的小故事，并配上一两句话。

教学过程：

一、谈话导入

今天老师给大家介绍两个新朋友"胡小闹"和"小樱桃"，我们一起听一听他们在一年级里发生了什么有趣的事。

二、看绘本、听故事

听老师讲胡小闹和小樱桃的故事。

交流：你觉得胡小闹和小樱桃是什么样的孩子？有什么特点？

三、自己身边的故事

现在已经是一年级的第二个学期了,每个同学都在这一年里发生了许多许多的事情,请大家回忆一下上小学以来自己觉得最有意思的事情,在4人小组内交流分享。学生交流,教师巡视。

全班汇报交流。教师选几名同学站在讲台上给大家分享自己觉得有意思的事情。

四、写写画画

教师再次出示胡小闹和小樱桃的故事幻灯片,指导学生把自己觉得有意思的事情画在事先准备好的A4纸上,并写上简单的文字。

学生自主绘画,教师巡视指导。没有画完的可以回家完成,第二天带来上交。

课程实施掠影

讲述自己的学校故事

课程实施感悟

孩子们自己的故事

在进行主题课程《班级里的故事》时，学生们已经听过或者看过《一年（3）班的小樱桃》和《一年（3）班的胡小闹》这两本绘本了，对于书中班级里发生的故事十分熟悉和喜欢，他们觉得这样的故事就像发生在自己身边一样。有了这样的基础和学生们对班级故事的喜爱，这次主题活动的重点便定为让他们讲一讲自己的故事。

活动开始时，我先以孩子们的亲身经历起了个头："九月，我踏进了一（1）班的教室，看到了六十四名活泼可爱的孩子，他们对我微笑，我也微笑着向他们介绍自己，告诉他们，我姓闫，是一（1）班的班主任，教语文课。听到他们亲切地叫我闫老师时，我很开心，我觉得以后的日子里，我和这六十四个可爱的孩子们一定会发生许多有趣的故事……"你们一定知道，以后的日子里我们在一（1）班发生了哪些事情。请你先想一想，哪件事情你印象最深？哪件事情你最想讲给同学们听？想好之后，讲给你们小组的同学听听。

我的话音刚落，学生们特别迅速地以4人为一组进行分组讨论，用时之快是我在语文课堂上没有感受过的。整个交流的过程中，我看到每个小组的同学都是积极投入，讲的同学眉飞色舞，听的同学喜笑颜开。本来设定五分钟的交流环节已经到了，但是几乎每个小组里都有一两名还没有讲故事的同学，看着他们积极交流的样子，我没有打断他们，静静地等待每个小组的所有同学都讲完自己的故事。他们以端正的坐姿告诉我他们已经讲完了，我才进行下一个环节，请每个组推荐出一名同学进行全班交流。有个学生讲开学第一天离开家长的情形，笑着讲自己当时还哭着不愿意进班时的心情；有个小女孩讲了她第一次发言得到老师表扬，同学们鼓掌时她开心的样子；还有好几个学生都分享了他们在不同的课堂上最感兴趣的事情……

台上学生讲述时自然流畅，台下学生们听得认真激动。下课后，还有好几个学生围着我讲自己觉得最有趣的事情。看到他们课下还沉浸在班级有趣的故事分享中，我不禁反思：平时语文课堂上的交流讨论环节也经常进行，但是学生们都没有这次的班级故事分享那么投入，发言分享也没有这次积极，这次的班级故事分享时学生的倾听状态也是最好的，到底是什么原因呢？

课下和学生们交流，他们告诉我，他们喜欢听同学们讲班级中发生的故事，因为觉得很亲切，发生在同学们身上的好多事自己也经历过，所以听得更认真，不像平时课堂上的讨论环节那么难以聚精会神。对于一年级的学生来说，他们更愿意听到同学间的事情，更愿意分享自己和好朋友间的故事。学生之间的互相学习更加易于孩子们接受，以后的活动设计中，我也要多给学生们留出类似这样的活动环节，让学生们多多分享自己在学校中的故事，也多听听其他同学的故事，让孩子们在这样的交流互动中展示自己、汲取别人的学习经验。

《听故事 讲故事》课程设计

课程内容：

听故事，看图讲故事。

本次主题活动中融入了语文学科倾听习惯的培养，对学生根据图意抓重点和复述能力进行了训练，在表演环节融入了音乐学科表演唱。

学情分析：

1. 学生听过许多故事，对于童话故事这种体裁非常熟悉。

2. 学生们喜欢听故事，但是对于个别学生来说，还不能在听故事后完整介绍故事大意，需要对这些学生多些关注，给予有梯度的提示。

课程设计理念：

通过听故事这种孩子们喜欢的方式培养孩子们倾听的好习惯，通过复述故事内容这一环节检验学生的倾听效果，锻炼学生们口头表达能力。

课程目标：

1. 能认真听老师讲故事，并能复述故事大意。

2. 能小组合作将故事用表演读的形式展示汇报。

3. 继续培养学生们善于倾听、乐于表达的好习惯。

评价实施：

依据课堂发言次数、小组讨论参与度等，以教师课堂上口头表扬为主。

教学过程：

一、谈话导入

同学们都很喜欢听故事，对不对？今天老师要给大家讲个故事。(课

件播放故事图片)

二、听老师讲故事

要求：认真听老师讲故事。故事内容如下：

果园里有一棵老苹果树和一棵小苹果树。这天，老苹果树说："我生病了，有几条虫子钻进我的身子里，我就要被咬死啦。"小苹果树一看，老苹果树的叶子都黄了，身子不住地发抖。他很伤心，他决定给老苹果树请一位高明的医生。他看见飞来一只小喜鹊，就连忙说："喜鹊，请你给老苹果树爷爷看病吧！他身子里有虫子啦！"小喜鹊说："我只会捉树上的虫子，不会捉树干里的虫子！"小苹果树失望地低下了头。

夜里，飞过来一只猫头鹰，小苹果树连忙说："猫头鹰，请你给老苹果树爷爷看病吧！他身子里有虫子啦！"猫头鹰连忙说："我只会捉老鼠，不会捉树干里的虫子！"小苹果树失望地低下了头。

第二天，飞来一只啄木鸟。啄木鸟在树上不停地跳来跳去，用坚硬的嘴在树干上使劲敲。小苹果树生气地说："你这是干什么？老爷爷有病啊！"啄木鸟笑着说："我看出他身上有虫子，这是给他治病呢！"啄木鸟说完，把坏树皮啄掉，找出虫子的洞口，从里面揪出一条胖胖的大虫子。连着几天，啄木鸟都来给老苹果树治病，老苹果树树干里的虫子很快被捉光了。老苹果树的病全好了，不久便长出了碧绿的叶子，结出了满树的苹果。

三、讲故事

1. 同学们自己读图，并根据四幅图讲一个故事。

2．请在4人小组内互相讲故事，并给同伴一些建议，让故事听起来更生动。

3．同学们会编、会讲故事了，我们把这个故事演出来，好吗？

四、小组合作演故事

1．4人小组加动作，分角色来演故事。

2．教师可以给些角色分配的建议。

3．分小组演故事，可以加入舞蹈、音乐等来演绎。

4．评出表演最好的5个小组，发贴画奖励。

课程实施掠影

同学们合作讲故事

课程实施感悟

让孩子在表演中诠释对故事的理解

一年级的学生天性好动，喜欢表演或者游戏的学习方式，我们在主题活动时，就应把表演读等活动形式融入到语文口语练习中，这样就能提升课堂效果。一些平时语文老师讲课时学生们不好理解的词，孩子们竟然在同学表演的过程中理解了。例如：老苹果树生病了，病恹恹的没有精神，"病恹恹"这个词虽然通过口语孩子们不容易解释得很到位，但是孩子们却用自己的表演演绎出来了，很多同学看到后高兴地问我：老师，她表演的样子是不是就是"病恹恹"这个词？是呀，形象地演绎比口头解释更符合一年级孩子的认知规律。与其一遍遍地告诉学生说话、写话时适当加入对人物语言和动作的描写会让文章更生动，不如让他们通过分角色表演演绎故事更直接。每个表演的同学不用老师提醒就能抓住文中的动词、语气来表演人物，你看他们表演啄木鸟时用手当长长的尖嘴做"啄"这个动作多标准，他们演小鸟呼扇双臂的样子多可爱，他们演苹果树时一动不动的样子多认真……

我想，这就是表演带给他们的欢乐，他们在表演中体会人物语言、感受动作的形象。在这个基础上我们又加入了音乐学科学到的相关知识，给这个故事配乐，配上表演唱后，一出精彩的舞台剧呈现在我们眼前。同一个故事，在不同小组的合作下演绎出了不同的感觉，这不就是我们一直在追求的让学生个性化的学习吗？

越是低年级学生越有想象力和创造力，他们不应该是关在教室里困在课桌前的鸟儿，而应是一只只会单飞也会结伴翱翔空中的雏鹰，他们学着用自己的眼睛去看世界，在飞行的过程中尽快找到适合自己学习知识的方式。我们能在主题活动这一时间给孩子们这样的机会是多么的可贵。

版块六：季节课程之和春天一起玩

《和春天一起玩》课程设计

课程主题：

和春天一起玩。

学情分析：

小学一年级的学生爱玩好动，渴望有趣的活动，渴望有机会展示自己，渴望得到老师和伙伴的赞扬。孩子们好奇心强，对于看不见摸不着的风怎么会让风筝飞得那么高，心中充满了好奇。然而，雾霾天气、学生年龄小、家长不放心、特长学习多等很多原因使得同学们只能在室内玩耍，室外活动的机会太少。美丽的春天对于渴望玩耍、渴望轻松快乐的孩子来说，就如同一幅风景画只能远远地欣赏，而无法真正地融入其中，体验快乐。

课程内容：

本课的重点在于以"春风"为切入点，通过引导儿童参与各种春天的游戏活动，让孩子走出课堂，回归自然，与自然亲密接触，在游戏中感受风力，尝试利用风力，增加儿童关于春天的快乐和美好体验，培养他们热爱自然、热爱生活的情感。

学生通过猜谜、齐读儿歌《春风吹》，初步感受春风的特征。观察春风、大雁、小草、大树等，激发孩子强烈的兴趣，再通过手工制作风车，使孩子体验到春天的快乐！

课程目标：

1. 以猜谜、儿歌引入了不起的春风，引导学生观察周围事物、留心生活。

2. 在游戏中感受风力，尝试利用风力。正确使用简单的工具，在家人或老师的帮助下，制作一件风力小玩具并学会玩耍，培养学生有创意地开展游戏的能力。

3. 和小伙伴一起在大自然中玩游戏，充分体验春天的美好和春天生活的乐趣，引导学生探究风和我们生活的有趣关系，培养学生的好奇心和探究能力。

教学重难点：

1. 用自己制作的玩具和春风玩，并获得快乐。

2. 在游戏中感受风力，尝试利用风力。

教学准备：

教师：大头针。

学生：剪刀，色彩各异的纸，有橡皮的铅笔。

教学过程：

活动一

一、猜谜激趣，导入课题

猜谜导入：孩子们，今天，老师带来了一个谜语，你们猜猜它是什么？

出示课件："云儿见它让路，小树见它招手，禾苗见它弯腰，花儿见它点头"。（风）

学生齐读儿歌《春风吹》，初步感受春风的特征。

师：春风多美妙，她能吹绿柳树，吹红桃花，真是了不起的春风。这节课，我们就和春风娃娃一起玩吧。（板书：和春风一起玩）

二、参与活动，自主探究

1．和春风捉迷藏

师：孩子们，春风特别想和咱们玩捉迷藏的游戏。瞧，调皮的春风娃娃藏起来了，你能找到她吗？（出示课件）

在校园里，春风娃娃还可能藏在什么地方呢？

小结：同学们的眼睛可真亮啊！不管春风娃娃怎么调皮，躲在哪里，大家都能把她找出来。看来，春风无处不在。

2．和春风做游戏

我们还能和调皮的春风娃娃玩什么游戏呢？你们想到了什么好游戏？快说一说吧！（放风筝、转风车、玩小帆船、放纸飞机、降落伞……）

小结：大家的想法真好，很新颖。今天，老师就来教大家制作小风车。

三、学习制作风车

1．按照课件展示步骤，教授学生制作风车。

2．拿出准备好的材料，小组合作，共同制作。

3．温馨提示：

（1）用剪刀要注意安全！

（2）不乱扔纸屑！

（3）分工合作，互相帮助！

（4）学生动手操作，教师进行小组活动的指导。

四、小结

小朋友们，你的风车制作成功了吗？

活动二

一、装饰风车

1．展示不同样式的风车。

2．可以利用常见的贴图或者水彩笔动手把风车打扮漂亮。

二、成果展示

各小组选出一名同学上台展示，选出"我是小巧手"。

三、现场颁发"我是小巧手"奖状

四、提醒下节课准备

1．制作好一个纸飞机。

2．保存好风车，下节课（明天）进行室外的纸飞机比赛和风车接力赛。

活动三

一、扔纸飞机

教师讲解游戏的比赛规则：

1．全班分成四组队伍，每组站成一排。比一比谁的飞机飞得最远，选出前三名进入半决赛。

2．半决赛晋级的选手排成一排再选前三名进入决赛。

3．前两名同学进行三局两胜的比拼。

活动要求：

1．站队快、静、齐。

2．进入半决赛和决赛时，其他同学站在队伍两侧做文明小观众。

二、迎面接力

1．全班分成两组队伍，相对站立。

2．组织相对的两个人进行右手接风车的练习，强调传接过程中动作要互相配合。

3．请传接较好的一组同学做示范表演。

4．分组进行接力游戏比赛。

5．教师点评比赛情况。

三、自由活动

1．自由选择风车或者纸飞机，和同伴一起玩。

2．不要擅自离开活动场地。

活动四

一、说一说我的新发现

1．你们玩儿的时候遇到了什么问题吗？你从中发现了什么？

2．集体交流、讨论，孩子谈谈自己的发现。

3．完成"和春风一起玩"记录表，并交给老师。

二、小结

把今天和春风一起玩时发生的有趣事告诉爸爸、妈妈。周末，可让爸爸、妈妈带着自己再和春风一起玩儿！

"和春风一起玩"活动记录表			
班级		姓名	
活动时间		游戏名称	
我发现了			

课程实施掠影

学生们制作风车并进行室外游戏

版块七：季节课程之美丽的春天

《美丽的春天》课程设计

课程主题：

美丽的春天。

学情分析：

一年级学生对四季有了初步的感受，再加上之前进行的《春天的故事》《春天的活动》《春天的古诗》三个课题，同学们对春天的美丽还是有所了解的。所以在教学内容的设计上，以画诗的形式综合美术教学中的春天的色彩和语文教学中的古诗，同时兼顾音乐、自然等相关学科知识多角度感受春天。

课程内容：

本节是一年级下期春季课程的第四个主题《美丽的春天》，结合前面学过的知识，引导学生更直观地发现春天的美，观察春天给大自然带来的变化，培养学生发现美的能力，鼓励学生把春天的色彩表现出来，激发学生热爱大自然的情感。

课程共由三个活动板块组成，第一个板块是初步体会诗中有画、画中有诗的意境，并用彩泥表现春天的美丽色彩；第二个板块是学习诗配画；第三个板块是举办小画展。

教学目标：

1. 初步体会诗中有画、画中有诗的意境。

2. 更直观地观察春天给自然界带来的变化，进一步感受春天的美。培养学生对自然界的观察能力，对色彩的感受能力和识别能力。

3. 尝试用绘画和彩泥两种形式表现春天的美丽色彩。

评价实施：

以画展的形式学生互评，教师综合评价。

教学过程：

第一课时

一、回忆有关春天的古诗

引导学生初步体会诗中有画，画中有诗。

1. 前些日子我们学习了不少有关春天的古诗，古人用诗词表达对春天的喜爱，你知道哪些描写春天的诗句？

听你们诵读古诗，就好像在看你们向我描绘的一幅幅美丽画卷！

2. 初步体会诗中有画，出示图片，看看图中描绘的画面，让你想到

《村居》 　　　　　　《游园不值》 　　　　　　《绝句》

哪首诗呢?

诗人们用诗歌表达了对春天的喜爱,用诗歌向我们描绘了一幅幅美丽的春景。

3．诵读《惠崇春江晚景》

这首诗里有一句"竹外桃花三两枝,春江水暖鸭先知",听这一句,我们脑海里是否会浮现出一幅美丽的早春画面呢?谁想试着说说这是怎样的一幅景象呢?如果诗人描绘的是一幅画,画面上会有什么呢?

学生回答,教师作画。

出示《鸭戏图》,讲解此题画诗的由来,进一步引导孩子体会诗中有画、画中有诗。

二、在歌曲、图片中找春天

诗人们喜欢春天,用诗歌表达;画家喜欢春天,用画笔描绘。

大家都喜欢春天,那春天到底美在哪里呢?我这里有些图片,我们一边欣赏美丽的春天,一边来找一找,说一说,你注意到了哪些春天的事物,看到了哪些漂亮的色彩?

播放《春天在哪里》,发布任务:

1．仔细听,在歌词中找春天在哪里。(青翠的山林,红的花,绿的草,小黄鹂……)

2．认真观察,说一说你还在图片中发现了哪些春天的景象,哪些漂亮的颜色。

三、课堂实践

春天真的好美,那这么美的春天,我想把它带到我们的课堂,带到我们的家里,我去公园或者校园,在路边摘点花拿回家里好不好?(培养孩

子热爱大自然，热爱生活）

老师刚才画的这幅图，没有把春天美妙的色彩表现出来啊，春天最美的其实是它让大地从银装素裹变得五彩斑斓，咱们今天就用我们手中的彩泥或者彩笔来装饰它。

四、学生分组完成，教师巡回辅导

分到花的组可以用我们以前学过的哪些知识？可以用什么材料？分到鸭子的组可以在鸭子身上加什么让它更好看？水怎么处理？天空空白处你有什么想加的东西吗？

五、展示

你喜欢哪一部分？谁能用一段话描述一下？

六、拓展

在这么美的春光里，我们的教室要是被我们整得乱七八糟，我们就走了，不管了，好不好？每个小组都有一个爱"吃"垃圾的塑料袋，找到它，喂饱它。

第二课时

一、复习回顾

简单总结上次活动情况，包括课堂实践作业展示，以及课后卫生情况反馈。

二、回忆有关春天的古诗

1. 上节课我们主要都是用彩泥画的形式，各小组共同表现了美丽的春天，今天我们要独立完成一幅诗配画。

2. 你知道哪些描写春天的诗词？(幻灯片展示)

咏柳

（唐）贺知章

碧玉妆成一树高，万条垂下绿丝绦。

不知细叶谁裁出，二月春风似剪刀。

黄鹤楼送孟浩然之广陵

（唐）李白

故人西辞黄鹤楼，烟花三月下扬州。

孤帆远影碧空尽，唯见长江天际流。

绝句

（唐）杜甫

两个黄鹂鸣翠柳，一行白鹭上青天。

窗含西岭千秋雪，门泊东吴万里船。

渔歌子

（唐）张志和

西塞山前白鹭飞，桃花流水鳜鱼肥。

青箬笠，绿蓑衣，斜风细雨不须归。

大林寺桃花

（唐）白居易

人间四月芳菲尽，山寺桃花始盛开。

长恨春归无觅处，不知转入此中来。

江南春

（唐）杜牧

千里莺啼绿映红，水村山郭酒旗风。

南朝四百八十寺，多少楼台烟雨中。

宿新市徐公店

（宋）杨万里

篱落疏疏一径深，树头花落未成荫。

儿童急走追黄蝶，飞入菜花无处寻。

春日

（宋）朱熹

胜日寻芳泗水滨，无边光景一时新。

等闲识得东风面，万紫千红总是春。

游园不值

（宋）叶绍翁

应怜屐齿印苍苔，小扣柴扉久不开。

春色满园关不住，一枝红杏出墙来。

村居

（清）高鼎

草长莺飞二月天，拂堤杨柳醉春烟。

儿童散学归来早，忙趁东风放纸鸢。

3. 小组讨论

除了上节课我们认识的诗，还有哪些诗比较适合用绘画的形式表现呢，你打算怎么表现？

分组讨论后，请学生代表上台说一说。

课程实施掠影

学生画笔下的春天

课程实施感悟

春天的色彩　春天的想象

《春天的色彩》这一主题活动属于整个春季课程中的子课题。前期我们已经陆续进行了《春天的故事》《春天的活动》《春天的古诗》三个主题，这一课时是从美术的角度，结合前面学过的知识，引导学生更直观地感受春天的美，观察春天给大自然带来的变化，培养学生发现美的能力，并尝试把春天的色彩表现出来，激发学生热爱大自然的情感。

在这个主题活动中的第一个活动设计，是配合前一阶段进行的《春天的古诗》活动而进行的诗配画创作，在教学内容上以画诗的形式综合美术教学中的春天的色彩和语文教学中的古诗，同时兼顾音乐、自然等相关学科知识，体现新课程的学科整合和关联。

在制订这一课的教学目标时，考虑到低年级的学生对于诗的理解还比较直观，不能很好地体会诗中的意境，于是在教学目标中就出现了"初步"两个字，"初步体会诗中有画、画中有诗的意境"，从教学实施的过程看来，这个目标制订得还是比较准确的。

另一方面就是学生完成诗配画的程度。只有少部分孩子能够表现出理想的画面效果。表现春天的诗配画大部分要描绘场面，比如，"春江水暖鸭先知""窗含西岭千秋雪""儿童散学归来早，忙趁东风放纸鸢"等，孩子们读了诗，了解了诗意，脑子里会联想到诗中景象，但是要让学生画下来还是有难度的。从一开始的构图布局，到形象的表现，再到最后的设色，这些对于一年级的学生来说难度都不小。当然也有一些表现得不错，但还有些学生根本就无从下笔，其中一个重要的原因应该是，他们的绘画技能还比较弱。所以，我们的重点放在让学生体会"诗中有画，画中有诗"的意境上，不必太在意绘出的画面效果，只要尽力表现自己对诗句的联想就好，避免让他们产生不必要的挫败感，影响之后的学习。

像这样的诗配画主题课可以等到学生到中、高年级的时候再次深入进行，届时他们已经有了比较好的绘画技巧，能够比较自如地表达自己的想法。

版块八：季节课程之我和我的家

《我和我的家》课程设计

课程主题：

我和我的家。

学情分析：

现在在很多家庭中，一年级学生普遍不太清楚家庭成员关系。另外，以孩子为中心的教养方式，往往也让他们认为自己是最重要的，很少去想自己与家人的关系是什么……这会导致很多问题，所以应该从小给学生补上这一课。

课程内容：

对学生进行家庭教育的启蒙，让他们了解自己与家人的伦理关系，对其作为家庭的一员，是非常有必要的。中国是个重视家庭的国家，传统文化中的家庭伦理是中国社会重要的组织观念，帮助学生构建对家庭伦理的认识，继承中国优秀传统文化，是德育的重要任务。本课程由音乐导入，后通过儿歌认识家人称呼，接着进行儿歌师生问答、观察照片、小组讨论分享、传统游戏击鼓传花之分享我的全家福等活动，最后让学生画照片上的全家福。引导学生学会主动表达自己对家人的爱，学着自己的事情自己做，学习主动承担力所能及的家务。

教学目标：

1. 初步感知"家"的含义，知道家庭成员的构成及家庭成员间的称呼、关系。

2. 通过讲述家庭生活中的亲情故事，培养表达能力和组织语言能力。

3. 通过了解家庭成员的构成和相互之间的关系，以及家庭成员的工作、爱好和习惯，萌发对家人的敬爱之情。

4. 自己的事情自己做，养成整洁的好习惯。

5. 通过访问家人，了解家人的工作、爱好、习惯，让学生产生对家人的敬爱之情，通过讲述亲情故事，感受家庭生活的温馨。

教学重难点：

重点：感知"家"的含义，知道家庭成员的构成、称呼、关系，了解家人的工作、爱好、习惯。

难点：通过讲述亲情故事，感受家庭生活的温馨。

课前准备：

课前布置家庭作业，与自己的爸爸、妈妈、爷爷、奶奶沟通，聊一聊自己出生的事情。

与家人在一起的合影照片、反映家庭生活的图片，A4纸，水彩笔。

教学过程：

一、聆听歌曲，导入新课

1. 同学们，我们一起来听一首好听的歌曲。（播放歌曲《可爱的家》）

引导学生给这首歌曲取名字。

学生听歌曲并给歌曲取名字。

在学生回答的基础上点拨：我们每一个人都有一个家，我们的家庭可爱、温馨、美丽。

2. 我们都有一个家，你家里有几口人？你长得像谁？

学生根据自己的情况自由发言。

小结：我们同学中有的长得像妈妈，有的长得像爸爸，还有的长得既像妈妈又像爸爸，因为我们是一家人。

二、共同交流，了解家庭

1. 聊一聊我的家人。每个人都有一个家，有自己的家人，你的家里还有谁呢？今天，我们就一起来聊一聊我的家人。

你的家里还有谁？

学生自由发言，老师根据学生回答的内容追问。

追问1：你的家人里有姑妈（姨妈）吗？她是你爸爸（妈妈）的什么人？

追问2：你的家人里有伯伯吗？他是你爸爸的什么人？

追问3：你们家乡把爸爸的哥哥叫作什么？

追问4：为什么伯伯、大爷都是爸爸的哥哥呢？

学生根据自身实际回答问题。

小结：他们都是我们家庭中的一个成员，我们都有血缘关系，是一家人。伯伯、大爷都是对爸爸的哥哥的称呼，只是因为我们生活的地方不同，叫法不同。

2. 唱儿歌，认家人。

播放《家庭礼貌称呼歌》。

教师领唱，学生齐唱儿歌。

3. 游戏：我来问，你来答。

师拍手问：爸爸的爸爸叫什么？

学生回答：爷爷。

学生问，老师答。学生之间互相问。

小结：一家人就像枝繁叶茂的大树一样，每个人都很重要。我们快乐地生活在一起，是幸福的一家人。

三、寻找家人的"影子"

刚才，我们讨论了家庭成员之间的关系、称呼，那在我们自己的身上有哪些地方可以找到家人的"影子"呢？请你拿出你的全家福照片。

请小朋友们在自己身上寻找家人的"影子"，并跟自己同组的同学交流一下。

学生分组讨论自己的全家福，在组内分享。每组选一名代表在班内分享自己的发现。

请同学们想一想，为什么我们的身上会有家人的"影子"呢？

学生自由发言。

小结：我们身上有家人的"影子"主要是受遗传因素的影响。

四、让爱住我家

同学们，今天我们要做一个"击鼓传花话家人"的游戏。

游戏规则：听鼓声传花，鼓声停，花传到谁的手里，谁就来介绍自己全家福照片。

活动提示：学生可以到讲台的投影仪边上，边展示照片边介绍自己的家人。

小结：听完你们的介绍，老师发现每一个小朋友都有一个幸福、温馨的家。

在这么温馨的家庭里，肯定经常发生一些有趣的事情，请把你家的故事讲给大家听听吧！

学生在小组里讲述自己家发生的故事，从组中推选出一名讲得最有趣的同学作为代表发言。

各小组推选出来的代表结合照片，讲述自己家里有趣的事情。

小结：我们的家多么可爱啊！我们的家充满了快乐，我们要爱我们的家。（播放歌曲《让爱住我家》）

五、画一画，我的家

同学们，今天我们观察了全家福，你能把它画下来吗？请你拿出来你的A4纸，画出你的全家福，记得画面要充实饱满，色彩搭配合理。

小结：同学们，我们都有一个家，在这个家里，住着我们的爷爷、奶奶、姥姥、姥爷、爸爸、妈妈……我们是相亲相爱的一家人。这个家充满了欢乐、充满了爱，我们要爱我们的家！

课程实施掠影

同学们学习家庭知识，积极回答问题

同学们积极发言，看照片讲述自己的家庭故事

课程实施感悟

我和我的家

首先，我根据班里学生的情况设置了自己的教学目标，使教学有针对性。然后课前布置家庭作业，让学生与爷爷奶奶、爸爸妈妈充分沟通，请他们讲述自己出生时候的故事。这一课前活动为这节课的顺利完成打下了良好的基础——不仅做好了情感的铺垫，还让同学们在听故事的过程中了解到自己的出生给家庭带来的喜悦，感受自己存在的重要意义。同时也进一步了解了很多家庭成员的故事，更深切体会到家庭的温暖。

接着，课程由一首歌曲徐徐展开，同学们听得很认真，听完歌曲后我问："你家里都有谁？几口人？"同学们很兴奋地说了起来，大部分说的都是爷爷奶奶、爸爸妈妈和自己，我问："除了他们，还有谁？"这时我听到了大姨、舅舅、大爷、大伯等各种各样的家庭称呼。我说："他们都是我们家庭中的成员，我们都有血缘关系，是一家人。伯伯、大爷都是对爸爸的哥哥的称呼，只是因为我们生活的地方不同，称呼不同。"孩子们在小的时候都听过这首儿歌，已经耳熟能详了，所以在听的同时，一个个跟着唱着说着，然后我又领着读了几遍加深印象。在儿歌的基础上，我又加入了一个小游戏互动环节。我问问题学生回答，由这个游戏我知道了他们对"大姨"和"舅妈"这两种称呼是混淆的，于是我加以引导，最后孩子们都能说出家庭成员之间的关系。

最后一个环节，也是最受欢迎的击鼓传花游戏，要求传到谁那里停下来了，谁就来跟大家分享自己的全家福照片。游戏进行得很热烈，但我看到更多的是同学们在介绍自己家人时那种发自内心的开心、幸福、自豪，大家的发言很精彩，听得也很认真，大家都知道，我们每个人都是自己家庭的一分子，家是一个人最温暖、最幸福的港湾。

版块九：季节课程之认识常见植物

《认识常见植物》课程设计

课程主题：

认识生活中的常见植物。

学情分析：

1. 一年级的学生年龄小，注意力不集中，天性活泼好动，兴趣难持久，依赖性强，自我约束能力差。

2. 一年级学生喜爱绘画，因此要抓住他们的特点，采用多种形式来进行教学。大力鼓励和奖励学生，鼓励他们认真学习，开发他们的想象思维和创造能力，将知识与学生的生活紧密相连。

3. 低年龄段的学生比较喜欢说话。所以要让他们进行分享，老师也要大力鼓励学生大胆上台讲话，积极参与讨论。

课程内容：

进入春天之后，万物复苏，花花草草争相开放，柳绿花红，给学生观察常见植物提供了方便。通过本节课的学习，一年级学生进一步了解观察的步骤，提高处处留心观察的意识。学生通过分享锻炼自身的语言表达能力，也让其他同学看到了不一样的春天。本课将科学课中的如何观察、道德与法治中培养学生爱护花草的优良品德、语文中的口语交际、数学中的数字、美术中的绘画结合在一起。在课程的最后，根据一年级学生喜爱绘画的天性，让学生在课上或课后制作植物的介绍卡。通过一系列的活动激发学生的好奇心和提出问题的兴趣，培养学生热爱植物、热爱大自然的意识。

课程目标：

1．观察并描述你知道的植物，并说出周围常见植物的名称及其特征。

2．在好奇心的驱使下，能坚持完成观察，并做好记录。

3．积极参与讨论，与大家分享观察结果。

设计理念：

一年级学生是刚刚从幼儿园进入到小学，还依旧保持着孩子的天性。学习的持久性不强，注意力不能很集中。因此，本节课要结合学生的心理特点，通过生活化、游戏化的活动，创设和谐课堂，形成良好的学习氛围，促进学生的发展。

评价实施：

小组内评价，以及学生在课堂中的表现、发言、作业等，对学生进行综合评价。

教学过程：

一、谜语导入，引发兴趣

秋天撒下粒粒种，冬季幼芽雪里藏，春天还青节节高，夏天成熟一片黄。(小麦)

一个小孩生得俏，头上戴顶红缨帽，衣服穿了七八件，全身都是珍珠宝。(玉米)

身穿绿衣裳，肚里水汪汪，生的子儿多，个个黑脸膛。（西瓜）

二、找植物

老师出示一幅图，让学生找找图片中你认识的植物（在白板上圈出来），说一说你的认识。让孩子观察真花与假花的区别，学生在讨论中规范花的概念。（学生有可能回答：树、花、荷叶、银杏、爬墙虎、玫瑰）

三、植物配对

出示一系列图片，让学生了解到世界上有各种各样的花，开拓学生的眼界，并找出几种独具特色的花，让学生与生活中物品进行联想，激发学生的想象。

四、校园观察

老师提出观察的具体要求，全班分成若干小组，组长负责自己小组的观察活动，在活动中要保持一定的安静，不能大吵大闹，不能满校园乱跑。老师将校园分成三大块，一块一块进行观察，组长负责小组人员工作的分配，做好记录。在观察中老师对每组学生进行个别观察指导。

课程实施掠影

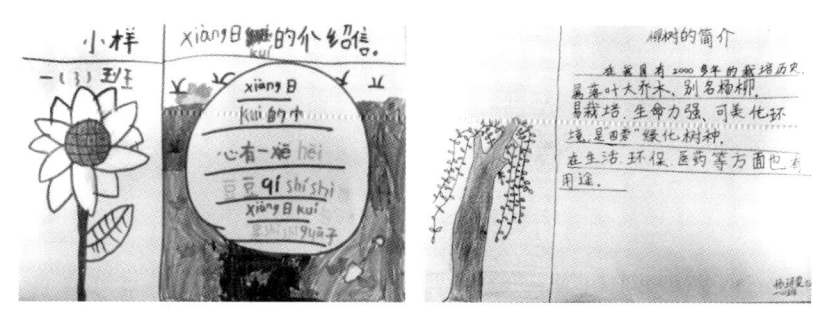

学生记录的植物信息

课程实施感悟

我们身边常见的植物

通过一节《认识常见植物》培养学生观察生活、留心生活的好习惯，增强学生爱护自然、保护自然的意识。通过观察校园植物的活动，重点让学生了解观察的步骤，培养学生的分工合作能力，了解科学探究的过程和方法。教师应该保持和发展学生对周围世界的好奇心和求知欲，让学生大胆想象、尊重证据、学会并乐于分享自己的观察。"树木向上生长，有一种积极向上、蓬勃、充满朝气的精气神"，希望通过简短的一节课可以让学生像树一样变得积极向上、充满力量。

一年级学生爱动爱说，再加上学生基本上都去过各种各样的植物园，对于植物并不是很陌生，这节课上同学们的积极性很高。为了能够维持一年级学生的积极性，我对本节课做了以下处理：首先通过猜谜语以及一首小小的儿歌进行课题的导入，随后组内以"你身边的植物"为主题进行讨论；其次欣赏身边常见植物的图片并让学生分清植物与假花的区别，进一步规范学生对植物的认识；最后制作植物的介绍卡片，让学生体会到植物让我们的生活变得更多彩，保护植物从自己做起。其中同学们比较喜欢的还是在一起讨论所看到的植物，分享自己知道的有关植物小知识。一年级的课堂不能只让老师唱"独角戏"，有了学生的分享，既激发了学生的积极性，也锻炼了学生的语言表达能力，有些天性外向的学生只用嘴说还不够，还会加上自己的肢体动作。在下面听的学生非常专注，不时发出笑声。除此之外，同学们还比较喜欢制作植物介绍卡这一部分，在我给学生讲解这张介绍卡之前，让学生通过自我介绍的方式来了解这张卡片上面需要一些什么内容。"同学们，请你们回忆一下刚刚入学的场景。在面对这么多陌生同学的时候，你是怎样让别人认识你的呢？"同学们纷纷给出不同答案：我会通过一件事让其他人记住我，我会通过一个自我介绍，我会通过在做游戏让其他人了解我……这时我会提醒孩子们："你们在进行自我介绍的时候，会说些什么内容呢？"孩子们纷纷举手说道："姓名、爱好、我的幼儿园地址、我家的地址……""对，所以你们想想小树在进行自我介绍的时候应该介绍些什么呢？"通过这简短的对话，让学生明确地了解应该怎么制作植物介绍卡。看起来老师说得很多，但其中最主要的内容还是由自己想出来的。

一年级学生通过自己的创意，制作出了一幅幅色彩鲜丽、非常具有孩子特征的植物介绍卡。

这节课的内容比较丰富，将知识与大家的生活密切相连，老师可以收获好多来自学生的奇思妙想。一年级的课堂重在老师的引导，通过老师自己设计的几个问题，让学生自己找到"谜底"，这样的教学效果要比老师直接告诉学生答案要好得多。

版块十：季节课程之春天的活动

《春天的活动》课程设计

课程主题：

春季实践活动。

学情分析：

我校的一年级学生几乎都居住在城市，为丰富同学们的课余生活，培养学生的观察力和想象力，开拓学生的视野，启发学生思维，激发学生对大自然的热爱以及对科学的兴趣，增强学生的集体主义意识，学校组织学生到森林课堂进行春季实践活动。这是一年级学生第一次进行课外活动，对于活动前的准备、活动中的要求和安全注意事项依旧要重点提醒。

课程内容：

春天是万物复苏的季节，小草初生，百花齐放，百鸟争鸣，到处都是春天的气息。居住在城市的孩子，每天面对着高楼大厦，很少有机会到大自然中欣赏美景。通过组织春季实践活动，带着孩子们走出校园，走进大自然，欣赏春的美景，感受春的气息。

课程目标：

1. 通过庄严的开营仪式，在老师带领下，孩子们郑重宣誓，教会孩子做一个有自我保护意识的人，做一个环保小卫士。

2. 由专业的棒球教练带领同学们进行棒球游戏，了解棒球，掌握棒球技巧。

3. 通过各种闯关设备，开启智慧，迸发勇气。

4. 在老师指导下，同学们动手用泥土制作简单的作品，体验乐趣、收获快乐。

教学内容：

棒球游戏、智勇大冲关、泥土制作。

设计理念：

以春季实践活动为契机，通过活动前的准备、活动中的要求、活动时的注意事项、活动后的活动反馈来完成春季实践活动这一主题。

评价实施：

根据活动当天学生的表现以及学生活动反馈表的内容和口述、分享进行综合评价。

教学过程：

春天的活动

一、活动前的准备（学生）

1. 活动时间：

（4月23日）早上7:30前到校，7:40集合从学校出发，16:00返程。

2. 活动所需物品：

（1）饮水杯（非玻璃、内装温水）。

（2）学生统一穿校服（蓝灰色）、天蓝色T恤、运动鞋。

（3）每人准备一个结实的垃圾袋。

（4）不允许带任何零食、电子产品、钱。

3．活动注意事项：

（1）乘车：按照车号，每车一人一座。系好安全带，车上不允许随意调换座位、大声喧哗、乱扔垃圾。

（2）下车后听从老师安排，快速排列整队。

（3）全程听老师的安排和指挥，不得私自离队。

二、活动前的准备（家长）

1．在家再次对孩子进行安全教育。

2．提醒孩子带好所需物品，保证孩子按时到校。

3．家长与孩子共同制作一张《安全提示卡》，活动当天（4月23日）带到学校。（用15厘米×20厘米的色卡纸制作，并适当进行设计）

安全提示卡

学生姓名：　　　　班级：

家长姓名：

联系电话：

注意事项：

1．

2．

3．

家长寄语：

三、学生在活动中的要求

1．要留心观察春天的事物，找到五处春天的事物。

2．团体活动时要和同组的小朋友协同合作。

3．回家后能将活动中发生的有趣的事情口述给家长。

四、活动安排

活动大致时间、内容安排：

2018年春季实践活动流程

活动时间	活动地点	活动名称	活动图片	活动内容
9：00—9：20	阳光草坪	整装待发		庄严的开营仪式，在老师带领下，孩子们进行郑重宣誓，并学习自我保护知识和环保知识。
9：30—10：50	阳光草坪	欢乐棒球花卉移植		由专业的棒球教练带领孩子进行棒球游戏。森林讲解员向孩子们介绍花卉移植要点，并移植一株植物
11：00—12：00	森林餐厅	美味午餐		在森林餐厅品尝美味午餐。
12：00—13：30	拓展营地	智勇大冲关		森林里有最受欢迎的闯关设备，开启智慧，迸发勇气，来一显身手吧。
13：30—14：30	巧手小屋	心灵手巧		通过森林课堂老师的指导，孩子们自己动手用泥土制作简单的作品，体验乐趣、收获快乐。

五、活动结束

活动结束后,学生完成"春季实践活动反馈卡"。

春季实践活动反馈卡

班级:＿＿＿＿＿　　姓名:＿＿＿＿＿

这次实践活动中你最喜欢的活动是:＿＿＿＿＿

为什么?＿＿＿＿＿＿＿＿＿＿＿＿＿＿＿＿＿

这次春季实践活动,你的收获是:＿＿＿＿＿

家长的话:＿＿＿＿＿＿＿＿＿＿＿＿＿＿＿

课程实施掠影

同学们参加各项实践活动

课程实施感悟

在活动中收获成长

4月，正是春意盎然、适合外出踏青的时候，我校一年级的小学生几乎都居住在城市里，针对我校同学们的具体学情，为丰富孩子们的课余生活，提升学生的各方面素质，学校组织学生到古荣森林课堂进行春季实践活动。

因为这是一年级学生第一次进行课外活动，在活动之前，我们与家长密切沟通，对活动准备、活动要求和安全注意事项做了重点提醒。

我提前设计好了活动方案，活动前的周五，在课堂上给同学们仔细、认真地讲解了一下，并让他们回家和家长一起制作了一张"安全提示卡"，提醒孩子在活动过程中要注意些什么。班里有位很用心的家长还写了一首小诗：

小学生，起得早，

交通小队排得好。

听指挥，别乱跑，

平平安安出游去。

乘车安全要注意，

遵守秩序要排队。

手头不能出车窗，

扶紧把手莫忘记。

4月23日上午，我们乘坐大巴前往森林课堂户外实践基地，一路上欢歌笑语，对未知的活动充满期待。到达目的地后，由森林课堂讲解员介绍本次活动精彩内容：认识植物、花卉移植、迷宫寻宝、欢乐棒球等活动。其中，最让同学们兴奋的是迷宫寻宝，大家带着好奇心纷纷走进由茂密的红叶石楠围成的植物迷宫，一探究竟。这项活动提高了同学们辨识方向和空间推理的能力。在花卉移植活动中，各班的学生纷纷撸起袖子亲自动手，小心翼翼地移植了一株属于自己的小花，把森林课堂的春色带回了家。相信大家回家以后一定会精心照料小花。

此次活动，得到了学生和家长的一致好评。活动后，每位同学都填写了一张"春季实践活动反馈卡"。我们从反馈中看出，此次的活动学生们收获了快乐、团结、友谊、知识……有位家长在反馈卡上写道："孩子非常喜欢这次春季实践活动，回家后一直在给家人讲述着一天的活动。看得出自然课堂对孩子的吸引力很大，他们喜欢深入到大自然中去，感受大自然，观察大自然。在这样的过程中，孩子们收获了书本以外的知识，相信这次春季实践活动一定会给孩子们留下深刻的印象。感谢学校及老师们的策划和付出，希望以后多举行此类活动，开阔孩子们的视野，丰富孩子们的学习生活！"

版块十一：季节课程之我想和你们一起玩

《我想和你们一起玩》课程设计

课程主题：

我想和你们一起玩。

学情分析：

上学后的小学生迫切需要与同学交往，这不仅是其适应群体生活的需要，也是其社会性发展的需要。与小伙伴一起玩游戏是学生认识自我、认识世界、发展社会性的重要途径，不喜欢与他人交往，就会影响到小学生的健康成长。

课程内容：

本课程致力于培养学生的乐群品质。需要注意的是，虽然"想和你们一起玩"，看似表现学生在动机与情感层面的内心活动，但实际上要通过课堂教学将乐群落实到学生的行动上。

本节课主要以语文口语交际的形式展开讨论，"怎样才能玩得开心""你平时都玩哪些游戏"。学生通过讨论分享得出结论，想要玩得开心，首先要做到遵守规则，然后就是对于他人的错误能够包容、谅解。在这样的前提下，我们排队下楼，像上体育课一样遵守上课的规则，进行各种小游戏，大家玩得很开心。

课程目标：

1. 在学生已有的生活经验基础上，在课堂教学中，通过现场游戏体验，了解人与人交往的方式、方法，感受大家一起玩的快乐，培养学生的乐群意识。

2. 主动参与到同学们的活动中，并在与他人相处的过程中学会相互尊重和理解。

课程具体安排：

本课程共两个课时。第一课时主要让学生发言，说一些自己平时玩的游戏种类，以及怎样玩，怎样能玩得开心等，让孩子们讨论分享。第二课时主要以体验为主，在建立良好的规则制度下，知道了应该如何处理朋友间游戏时的问题后，户外游戏。

教学重难点：

遵守一起玩耍的游戏规则，主动参与到大家活动中的方法和能力。

教学过程：

第一课时

一、情境导入，感知情感

上课前，请小朋友们想一想：自己在什么时候玩得非常开心，和谁一起玩的？

学生回答：和同学玩跷跷板、和好朋友们玩堆沙子……

你们玩得开心吗？（开心）那如果是你自己一个人玩，会这么高兴吗？（不会）为什么呢？

学生回答：因为一个人玩没意思；因为人多在一起很热闹，非常有趣……

二、回忆往事，流露真情

是啊，小伙伴们在一起玩的时候可有趣了。小朋友们，你们有小伙伴吗？能说一说你的好伙伴是谁吗？

你们的小伙伴可真多呀！谁来讲讲你与小伙伴之间有趣的故事？

学生回答：我们一起写作业；一起玩捉迷藏；我和同学们一起丢沙包……

那就让我们找到自己的好伙伴，手拉手上台，唱起来、跳起来、拍起来吧！

（学生在《找朋友》的音乐中拍手、唱歌、跳舞）

现在，大家和自己的好朋友坐在一起了，你们的心情怎么样呢？（开心、激动、快乐）

如果没有小伙伴，你们会是什么感觉呢？

学生回答：我感觉会孤独；我感觉会寂寞、无聊。

你和好朋友一起玩的时候不仅会感觉快乐，还有什么发现呢？

学生回忆、讨论。

我们大家一起玩，不仅能收获快乐，还能收获更多的友谊，让我们一起快乐地玩耍吧！

三、活动明理，体验快乐

课件出示：一次体育课上，几个小朋友正在打篮球，旁边的小明同学在想，我也想玩，可是自己打得不是太好，怎么办呢？

学生思考，讨论，小组交流。

那么我们大家说应该怎么办呢？

学生回答：我们要鼓励他，和他一起玩；我们可以先教他。

你们讨论的结果非常令人满意。那么，你从这件事情中明白了什么呢？

学生回答：有朋友一起玩会很快乐；大家一起玩的时候，应该互相帮助；和别人一起玩的时候不能只顾自己。

大家说得都非常有道理。那么，你们在一起玩的时候有没有发生过不愉快的事情呢？

学生回答：

我们在玩跳皮筋的时候，有的同学明明已经换下了，轮到别的同学了，他就是不认账，我们都很生气。

我们在踢足球的时候，小华不进球，他就自己生气地走了，还嫌我们老是赢。

我们玩下跳棋的时候，小兰总是悔棋。

…………

设计意图：让学生用亲身体验来说服自己以后不要这样做，做到遵守游戏的各种规则，从而更加快乐地玩耍。

请大家想一想，他们这么做的时候，我们会有什么感觉呢？

学生回答：我非常生气，都不想和他一起玩了；我感觉他们不遵守规则，不想和他们这样的人一起玩。

那么，我们应该怎么做才能玩得很开心呢？老师相信，通过这节课，大家肯定能够与其他同学快乐地玩耍并遵守游戏规则。

第二课时

通过上节课的学习，相信大家都知道怎样才能玩得开心，请大家从以下几个游戏中挑选自己感兴趣的玩，老师讲解游戏规则。

1. 老鹰捉小鸡

10个人左右，首先选出一个学生扮演老鹰，一个学生扮演老母鸡。扮演老母鸡的同学站好后，其余同学依次站在他的身后，每个学生都用手抓住前一个人的衣服。开始游戏，扮演老母鸡的同学张开双手左右跑动，后面的同学跟随他左右移动，防止老鹰抓到最后一个学生。如果老鹰抓住最后一名学生，那么扮演老鹰的同学就充当老母鸡，被抓的同学就扮演老鹰。

2. 跨大步

分两组，一般每组两人以上。先在地上画条线，其中一组全部跨步出去，是跨步，一只脚起跨，也单脚落地站稳，不许转身，不许移动着地脚，可以互相搀扶。另一组也同样按规定跨出去，跨的步数每次比前一组的少一步，然后开始"抓"前一组的人，被抓到的就要出局。同组的可以互相帮扶，比如一个人在前，后面几个拉着他让他前倾去触碰对手，注意不能移动脚或是身体着地，而对手就必须想方设法躲着他们。如果全部抓到了，就转换角色。注意还要跨回起点线，如果回不来还判作输。

3. 丢手绢

同学们围成一圈蹲下，其中一个学生A站起来，拿着手绢，开始在大家身后绕圈走。蹲着的学生开始唱歌"丢，丢，丢手绢，轻轻地放在小朋友的后面，大家不要告诉他"，歌曲结束之前丢手绢的A必须把手绢放在任意一位学生的身后，然后快速回到自己原本的位置。被选中的学生必须第一时间发现手绢在他后面，拿起手绢追上丢手绢的 A，算是胜利，否则就是失败，需要表演一个节目。

4．跳房子

(1) 站在起跳处，将小石块丢进数字 1 的格子里，丢进去就可以开始跳。小石块一定要丢进格子里才有资格起跳。

(2) 单脚（另一脚弯起）跳进数字 2 的格子，然后依格子数一直单脚跳到最后的"天堂"。跳的过程中脚不可以落地，一落地就犯规，不能再跳，只能等下一轮。但是途中如果经过并排的格子以及"天堂"时，可以双脚着地。

(3) 以单脚跳方式由"天堂"再依序往回跳。

(4) 跳回到格子 2 时，弯身捡起格子 1 中的小石块，接着再依序跳回起点。

(5) 接着再将小石块丢向数字 2 的格子里，丢进了就反复第一次的动作，若没丢准或是犯规，就换下一个人玩。

(6) 如果石块或是脚，不小心越界或压在线上，也算犯规，必须停跳，让给下一个人，等轮到自己时，再从犯规的格子处继续往下跳。

(7) 等全部格子跳完之后，就有权利盖房子了。方法是背向格子，把石块掷入任何一个空格内，该房子即属于你，写上自己的名字或代号之后，其他的人在跳跃时就须跳过此格，不可以落脚在你的房子内，但是家的主人可以两脚并立。

(8) 全部房子都被盖完之后，拥有最多间房子的人就是大赢家。

现在就让我们排队下楼，队要站得像我们上体育课时一样，老师说解散的时候，快速找到自己的好朋友，讲清楚游戏规则，看谁最遵守。

小结：今天这节课，我们和自己的好朋友们一起讨论了怎么和大家一起玩，希望从此以后，我们大家能够互相帮助、共同进步，一起快乐地玩耍。让我们听着欢快的音乐，读着儿歌结束这节课吧！

课程实施掠影

室内讨论与户外活动

课程实施感悟

我想和你们一起玩

随着年龄的增长，学生有了更多与他人交往、合作的机会和需要，但是有些孩子不能和同伴友好地交往，常为一些小事发生纠纷。究其原因，主要是他们不能大胆表达自己的想法，或者，不会用恰当的方式进行交流。为此，在教学中，我创设情境，选择适合儿童年龄特点的活动进行教学，鼓励学生交流对话，适时进行引导。一年级学生不喜欢枯燥的教学，他们喜欢玩耍，所以，我把教学与活动相结合，对友好的交往行为进行鼓励，激发了学生的交往兴趣，提高了他们与人交往的自信心。

在这节课中，同学们最感兴趣的是室外游戏环节。在外出活动前，我把规则说出来，将规则以课件的形式展示出来，让他们清楚地知道，玩游戏要想玩得好、玩得开心，第一点就是要守规则，然后是对待朋友要包容、大度。我透过镜头，看到最多的是同学们的笑脸，果然，天性得到释放的时候，是他们最开心最真实的样子。

在教学活动中，因为以游戏体验为主，所以，学生的情绪有些激动和兴奋，导致课堂的气氛很高涨也有些难以控制。通过这节课，我体会到，要想成功地讲好一节课，就要在课前做好充分准备，要提前考虑到课堂上可能发生的种种问题，对学生已有的生活经验要有充分的了解，只有这样才能避免在课堂上发生失误，使自己的教学逐渐走向完美。

版块十二：季节课程之愉快的夏天

《愉快的夏天——夏天真热》课程设计

课程主题：

夏天真热。

学情分析：

从学生的社会生活环境看，我市学生生活周围的绿化面积较小，接触大自然的时空有限，限制了学生对夏天大自然事物的观察和感知。从孩子的心理特点和认知程度上分析，学生已经对季节对生活的影响有了一定的认识，对季节的变化特征有了初步的体验和基本的了解。

设计理念：

由于夏天气温较高，不提倡在室外观察。学生的年龄小，抽象思维能力还比较薄弱，创设各种情境，联系学生实际生活中所见、所闻、所感，通过具体形象思维，了解夏天的典型气候特征及人们生活的主要变化。

教学目标：

1. 愿意亲近夏天，能够充分感受夏季的鲜明特征带来的新奇与快乐，喜欢在大自然中活动，乐于对大自然中的现象进行探究。

2. 知道夏季的基本特征和常见的自然现象，初步了解夏天的天气变化以及对动植物和人类活动的影响，学会必要的安全避雷知识。

3．能在日常生活中随时随地有针对性地观察，通过日常生活经验的积累，了解季节的变化和生活中的自然现象。

4．乐于实践、参与讨论交流，多感官、多渠道地获取知识。

评价实施：

课堂互动评价、智慧星积累。

教学过程：

一、认识夏天

小朋友，现在是什么季节？（夏天）

小朋友们喜欢夏天吗？校园里的大树、小草有什么变化？引导学生大胆地说出自己看到的校园里的变化。户外或者家里还有哪些变化？

播放课件，欣赏图片回答问题：①哪些小动物出现了？②河里有什么花？③看看我们的穿着，有什么变化吗？夏天的衣服有什么特点？

请小朋友们带着老师的问题看一段录像。夏季的衣服有一个特点，都是薄薄的、轻轻的，穿在身上很凉爽，也很漂亮。

与学生一起进行总结。（夏天到了，天气热了，蝉儿叫了，荷花开了，小朋友们换上了薄衣裳……）

二、找凉快

1．出示图片，看看图上的小朋友怎么了？夏天到了，小朋友很热，有什么办法让他凉快？大家谁能帮帮他？

2．思考、讨论：有什么办法使他凉快？

3．夏天我们的穿着有什么变化？

4．天热了可以扇扇子，开电扇，还可以用什么办法使自己凉快？

5. 晚上睡觉和冬天有什么不同呢？

6. 天热了，吃什么可以凉快？

三、学习讨论

1. 出示图片《缺水的花》

美丽的花儿到了夏天因为缺水变得没有精神，我们小朋友也是一样，所以在夏天大家要多喝水。

2. 引导学生结合生活经验讲述：夏天天气热了，我们可以怎样做？

夏天天气热了，我们可以扇扇子、开空调、开风扇、吃适量的冷饮、吃干净的瓜果、喝绿豆汤、穿短袖衣衫、勤洗澡等来防暑降温。

3. 讨论：夏天我们应该注意什么？

教育幼儿夏季注意饮食卫生习惯，不要吃过多的冷饮，不要在高温下活动，不要躺在空调的出风口或电风扇下睡觉，勤洗澡、洗手，主动多喝白开水，保持充足的睡眠，多吃清淡易消化的食物，不要用饮料解暑，等等。

《愉快的夏天——夏天的风》课程设计

课程内容：

设计小花扇。

学情分析：

低年级学生活泼可爱，思维独特，喜欢按照自己的想法自由地表现。学生好奇心强，爱表现自己，但是动手能力较差，只能用简单的工具和绘画材料来稚拙地表现自己的想法。本节课以现实生活中形象多变的扇子为题材，更好地激发学生的表现欲望和独创思维，让学生能够自信、大胆、自由地通过美术形式表达想法与感情。

设计理念：

扇子是我们夏季日常纳凉的用具，它有着丰富的种类与艺术形式，在我国古代，扇子以其独特的造型以及与诗书画的巧妙结合而成为一种艺术品。本课内容贴近学生的生活，强调知识和美术在生活方面的作用，感受美术在实际生活中的独特价值。通过设计、绘制扇子，体验美术创作带来的成功和乐趣，感受美术与生活的密切联系，激发学生学习美术的兴趣。

课程目标：

1. 通过欣赏师生收集的一些扇子图片，感受扇子的美。

2. 了解中国扇子发展史。培养学生对祖国优秀美术传统的热爱，对世界多元文化的尊重，引导学生参与文化的传承和交流。

评价实施：

课堂互动评价、智慧星积累。

教学过程：

一、猜谜引入，揭示课题

1. 教师出示谜语：有风不动无风动，不动无风动有风。学生猜是什么生活用品？利用简单猜谜游戏，引入新课，激发学生兴趣。

2. 揭示课题，欣赏中国古代的扇子。课件出示一些扇子图片，讲述扇子的历史。扇子不仅是一种实用品，更是一件艺术品，它们向我们展示了不同朝代登峰造极的绘画艺术与刺绣技术。

3. 掌握扇子的构造。让学生拿出所带扇子，教师设问：同学们，你能描述出这些扇子与作品中扇子的特点吗？（了解团扇和折扇）

根据形状、材料、结构等的不同，讨论折扇和团扇各自的造型特点。

同学们还知道有哪些不同的扇子？小组回答交流。（教师适当引导，帮助学生了解扇子的有关知识，如扇子的种类、扇子的历史等）

教师设问：扇子每个部分可以怎么称呼？（认识扇子的结构——扇面、扇骨边、扇骨）

比较分析：你觉得我们日常生活中所用的扇子与我们中华古代的扇子有什么不同？（教师课件展示一些现代日常生活中的扇子和中华古代的扇子图片。）学生结合自己的生活经验，进行交流，了解与感受这些扇子的艺术性与文化性。学生之间的交流，激发了学生的学习和探究的兴趣，培养搜集信息的能力、合作学习的能力。

4．欣赏范作，尝试创作。

（1）作品分析，了解扇面画构图的特点。课件出示几幅扇面画的作品，引导学生仔细地观察与分析："扇面画的构图与一般国画的构图有什么特别的地方？"学生观察交流。

教师小结：一般的画以长方形、正方形较多，而扇面画的构图以扇形为多，还有少数的圆形，我们在构图时要注意结构饱满、合理美观。

课件出示课本中同一题材不同构图的三幅作品，请学生观察与比较哪一种比较合理。学生观察比较，陈述自己的理由。

教师给予肯定与补充，并总结：第一种构图较合理，第二种构图太偏，第三种构图太大，只看到鸟的部分身体。同时要注意团扇、折扇扇面上的文字一般沿着扇骨的方向书写。

（2）学生欣赏教师范作（扇面书画艺术作品）。

小组交流：用水墨画形式完成一幅优秀的扇面作品，应注意些什么？（扇子的形状、扇面水墨渲染效果等）

（3）提出要求、学生创作。

创作主题：自由创作一幅扇面画。

创作要求：鼓励学生大胆运用水墨效果进行创作与表现，构思独特，构图饱满、美观。

学生创作，教师巡回指导。

5．展示作品，交流评价。

自评。展示自己的作品，介绍作品的构思，欣赏水墨表现的趣味。

互评。学生相互参观、交流，开展评价活动。（评价的标准：你最满意的地方是什么？你觉得不足的地方又是什么?）设计意图：在相互评价中学会赞扬、学会关心。在欣赏中提高学生的鉴赏和评价的能力。在交流经验中感受成功的喜悦，体验动手的乐趣。

6．课堂小结，谈谈你这节课的收获。

扇子艺术带给了我们神奇而又独特的悠久历史文化，希望同学们今后用心地观察，留意生活中的美，创造更多更好的艺术作品点缀自己的生活。

《愉快的夏天——好吃的西瓜》课程设计

课程主题：

好吃的西瓜。

学情分析：

这个年龄段的学生爱动、爱说、善于想象。好奇心、求知欲较强，喜欢动手动脑。

设计理念：

夏季天气炎热，孩子们在认识夏天的时候，联想到可以用游泳、吃冰棒、吃西瓜、喝饮料等方式让自己凉快起来。其中西瓜是大家熟知、喜爱的水果。本次活动让学生在一定的经验积累基础上，进行想象、理解。激发学生的创造热情，引导学生相互学习，鼓励学生大胆表现，提高综合能力在生活中的应用以及语言表达能力和人际交往能力的提高。

课程目标：

1．熟悉西瓜的基本特征，愿意用简单的语言描述自己的发现。

2．积极参与活动，并能用正确的动词进行表达，体验活动的乐趣。

3．明白做事情齐心协力的重要性，让孩子体会到遇到问题应该想办法解决。

评价实施：

课堂互动评价、智慧星积累。

教学过程：

一、分西瓜

1．学生观看视频《西游记》片段，激发学生兴趣，并帮助影片里的人物想出把西瓜搬走的方法。

2．教师发放图纸，让学生动手进行分西瓜。在分西瓜的过程中学生学习二等分、四等分的方法（对折、撕、剪均可）。

3．回顾各自分西瓜的过程，向全班同学谈谈自己的感受，分享学习经验。

4．介绍自己了解的西瓜，巩固对西瓜特征的认识，并与同伴一起品尝西瓜。

二、搬运西瓜

这么多的西瓜一定很好吃,你们想不想把它们运回我们的教室,一起来品尝这些西瓜呀?那我们怎样把这些西瓜运回去呢?请你把自己的想法轻轻地和好朋友说说。

同学们真聪明,想出了这么多运西瓜的好办法,那儿有许多工具,等会儿你运西瓜的时候需要什么工具就自己拿,你也可以和好朋友合作,现在我们就来运西瓜(用排球代替西瓜)。运的时候要注意安全,西瓜要轻轻地拿,轻轻地放,小心别把西瓜弄坏了,先运到的可以和好朋友说说你是怎么运西瓜的。

学生听音乐运西瓜,运完后,请学生讲述自己运西瓜的过程。引导学生运用正确的动词进行讲述,并模仿。

三、共读绘本《蚂蚁和西瓜》

在一个好热好热的夏天的下午,一群小蚂蚁,遇上了一块西瓜。(出示图片)说一说:这是一块怎样的西瓜?

我们看看书上是怎么说的,出示书上的句子(西瓜红红的、大大的,有好多好多的汁,看起来真诱人呀)什么是真诱人?指导学生读好句子。

面对这么诱人的西瓜,小蚂蚁要怎么办呀?(吃一点,搬回家。)聪明的小蚂蚁也和你们一样想把这块大西瓜搬回家呢(出示图片)。我们来看看小蚂蚁是怎么做的吧!一只小蚂蚁想把西瓜推回家,于是他去推西瓜,可是西瓜纹丝不动。两只蚂蚁想把西瓜背回家,一只去推西瓜,一只去背西瓜,可是西瓜依然纹丝未动。另外两个小伙伴看到这样的景象,他们着急了,一起上前帮忙,但是西瓜依然一动也不动。

怎么办呢?放弃吗?猜一猜小蚂蚁会怎么办呢?"快把大家喊过来吧!"

我们跟着这只小蚂蚁到蚂蚁的家去看一看吧！在蚂蚁的家里你看到了什么？

忙碌的小蚂蚁正在做自己的事情呢，你怎么喊在做事情的蚂蚁帮忙？（出示图片）小蚂蚁们听到同伴召唤，飞快地跑过去，耳边听到同伴的催促声"快点，快点"，这么多的小蚂蚁来到大西瓜面前，有的用双手推西瓜，有的一起抬西瓜，还有的用后背去顶西瓜。可是西瓜依旧一动也不动。这可怎么办呀，放弃吗？小蚂蚁看到这样的情况，马上开动脑筋，这又想到了一个好办法。你能根据图片，说一说小蚂蚁的方法吗？

它们（找）来棍子，拿石头（垫）着，把这个大家伙（撬）起来！聪明的小朋友，你猜会怎么样呢？西瓜依旧一动也不动。你有好方法吗？小蚂蚁想的办法是不是和你一样呢？（出示图片）只见成千上万只蚂蚁，欢呼着（爬）上西瓜，它们有的（拿起铲子，使出吃奶的劲，用力地铲呀铲），有的（把铲出来的西瓜放在吊车上，像起重机一样往下放），还有的（站在下面等，一有西瓜放下来，它们就抱着西瓜走）。

小蚂蚁们背着小块的西瓜正往家里面赶呢，看看蚂蚁的家变成了什么样？剩下的西瓜怎么办呀？小蚂蚁说剩下的一起吃吧。"哎呀，吃得太饱了！"我们遇到自己喜欢吃的东西可不能像蚂蚁这样呀！别躺着呀，咱们吃剩的西瓜皮儿可怎么处理啊？（出示图片）看看，小蚂蚁们将它做成了什么？"蚂蚁的西瓜滑梯！"

同学们，小蚂蚁们遇到问题总是不停地想办法，他们吃到了好吃的西瓜，玩了好玩的滑梯，看到这些，你想对他们说些什么呢？同学们说得真好！遇到问题，只要我们肯动脑筋，肯团结一心，总会解决问题的。

《愉快的夏天——夏天的昆虫》课程设计

课程主题：

夏天的昆虫。

学情分析：

一年级学生已经积累了一定的知识，他们认识很多动物，也能说出很多有关动物的习性和特点。他们能简单地表达自己的意愿，对夏天也有一定的感性认识，对周围事物有较浓厚的好奇心。

设计理念：

随着夏季来临，墙角边、大树下、草坪上会有许多小虫子出来活动。孩子们对此非常感兴趣，他们常常围绕在一起观察讨论。《夏天的昆虫》这一课正好为学生提供了采集、饲养、探究昆虫奥秘的机会。让学生们到大自然中去观察、记录各种昆虫，激发他们的好奇心和探究欲望，在寻找、探究过程中培养学生的求知欲。

教学目标：

1．学习搜集、整理资料，能在成人的引导下饲养昆虫，观察记录昆虫的生长过程。

2．能通过绘画活动等方式展示出自己对昆虫的了解。

3．了解昆虫与人们及动植物的关系，进而对大自然的奥秘产生浓厚的兴趣。

评价实施：

课堂互动评价、智慧星积累。

教学过程：

一、举办昆虫展览

1. 昨天老师给大家布置了一个特殊的作业，是什么？（捉昆虫）你们都去捉昆虫了吗？哪些小朋友捉到了？谁愿意告诉大家你捉到的是什么昆虫？

2. 你们能说说是和谁去捉昆虫的吗？捉昆虫时还发生了什么有趣的事儿呢？捉昆虫真是有趣，给我们带来了快乐！我们班有很多同学喜欢昆虫，昨天还去收集了资料，现在就让我们开一个昆虫博览会。

先请你把收集到的资料向四人小组的朋友介绍一下，每位同学介绍1～2种。

指名交流。让学生学昆虫的叫声、动作等，对于介绍得比较不错的学生及时颁发智慧星。学生在自制、自办、自讲、自看中展示自主学习的能力。还有好多小朋友也收集到了很多昆虫的资料，下课时可以和同学们继续聊一聊，也可以邀请它住在我们的《昆虫王国》里。

二、人人争当"昆虫小博士"

1. 现在让我们一起来观察、研究昆虫。可以简单画一画它的样子，互相说说它吃什么，住在哪儿，还可以学学昆虫的叫声和它的动作呢！大家比一比，看哪个小组观察最仔细，发现最多，对昆虫最了解。

2. 刚才老师看了一下同学们捉来的昆虫，打算分成蝴蝶、蚂蚁、金龟子、西瓜虫等几个昆虫研究小组。

3. 分小组研究，教师巡回了解学生的研究情况。

4. 小组汇报。（根据汇报情况颁发智慧星）教师引导学生介绍昆虫的样子和身体构造。

刚才我们的研究发现真了不起，找到了那么多昆虫的不同之处，现在我们再来仔细看看这两个研究小组画的昆虫，你有什么发现？

三、知识拓展，激发学生探索的兴趣

刚才我们研究的只是昆虫的一小部分，其实，我们可以研究的昆虫世界还是无穷无尽的，欢迎你跟着老师一起进入昆虫王国。在观看时，你如果认识这些昆虫，就大声地说一说。(课件展示美丽的昆虫)这些美丽的昆虫使我们的大自然更加奇妙，也等着我们这些小科学家、昆虫博士去进一步研究探索呢！

四、联系生活，指导实践

1. 当然，这些昆虫有时也会给我们带来麻烦。你遇到过吗？(被蜜蜂、黄蜂、毛毛虫蛰了，被蚊子叮咬等)

2. 重点交流蚊子叮咬时的感受和解决方法，介绍驱赶蚊蝇的好方法。

《夏天活动时我们应该注意什么》课程设计

课程主题：

夏天活动时我们应该注意什么。

学情分析：

从学生的心理特点与认知程度来看，儿童非常喜欢夏季，天气热了，衣着少了，活动更加自如，再加上夏季的温度特点，孩子们可以吃冷饮、游泳等，这些对孩子们充满着吸引力。虽然大人一再强调安全和卫生教育，但对于我们一年级的学生来说，他们的认知能力和自护能力较弱，对自我保护的认识相对不足。

课程内容：

本次活动确定的教学重点是让学生并注并了解夏天常见疾病，初步懂得夏季自我保护的基本策略与方法。从创设相关生活情境调动学生的兴趣入手，引导学生关注夏季的自我保护。通过具体案例引导学生认识到行为的危害性，通过各种模拟体验活动学习基本的自我保护知识。

设计理念：

孩子们在成长的过程中会自然地习得一些基本的生活常识与技能。但自然的、自发的教育常常显得过于零散和随机，以至于学生之间相关能力的发展存在很大差异，在儿童的自我保护意识与能力方面差异更大。同学们对夏天的生活体验也不一样，因此，有必要对他们进行活动时的保健和预防进行指导和训练。

课程目标：

1. 感受夏天大自然的美好，体验夏天生活的快乐。

2. 对夏天常见疾病有一定认识，能在家长或教师的指导下进行初步探究。

3. 初步懂得夏季自我保护的基本策略与方法，在生活中加以运用。

评价实施：

课堂互动评价、智慧星积累。

教学过程：

一、交流体会

1. 同学们，现在是什么季节？（夏季）夏天你有什么感觉？

2. 你喜欢夏天吗？为什么？（结合课件图片以及近期的生活体验，交流对夏天的感受）

3. 你们在夏天出去游玩儿时有什么感受？将你印象深刻的夏天故事告诉大家，好吗？

4. 播放动画：蚊虫叮咬怎么办？引导学生结合情境进行讨论：夏天被蚊虫叮咬怎么办？

小结：在愉快的夏天中，有时也会有蚊虫叮咬、中暑这样的烦心事困扰着我们，不过，聪明的同学们不怕，大家一定都学会了在炎热夏天里保护自己的小知识，回到家，我们当一次小老师，把这些知识讲给家长听一听，让家人也和我们一起学习这些保健的小知识。

（1）如果有被蚊虫叮咬的例子，可引导学生交流夏天什么地方蚊虫多，以及怎样防止蚊虫叮咬。

（2）补充关于青蛙的知识，进行环保教育。播放歌曲《小青蛙，你唱吧!》。

（3）青蛙是益虫，它帮助我们消灭苍蝇和蚊子，我们应该怎样对待它们呢？（爱护、保护，和青蛙做朋友）

5. 播放动画：中暑了怎么办？引导学生结合情境进行讨论：中暑了怎么办？

小结：学习和掌握防暑降温的正确方法，能帮助大家在夏季更好地进行自我保护，从而让自己身体更健康，让家人更省心。

二、活动：我们是保健小能手

我们一起学习了怎样安全、愉快地度过夏天。下面我们来看看大家的保健本领怎么样！保健知识大比拼，各小组抢答辨析，师生共同评判。

1. 夏天怎样凉快好？

（1）刚踢完球，太热了，用冷水冲冲头该有多痛快。

(2) 空调让我们冬暖夏凉，但我们不能在空调前久站，因为这样会让我们生病的。

　　(3) 凉凉甜甜的冰棍是我们在热天里的解暑佳品，我每次都要吃个够。

　　(4) 星期六，我要约着小同学去水库里游泳。这事可不能让大人知道，不然就去不成了。

　　教师根据学生的回答依次在黑板上贴上智慧星。

　2．读儿歌。

　　　　夏天到，夏天到，自我保护少不了。
　　　　不洁食品不食用，冰棒冷饮要控制。
　　　　温水洗澡经常做，适当锻炼效果好。
　　　　游泳要有大人带，少在空调风口站。

　3．夏天怎样预防腹泻？

　(1) 我一口气吃了六根冰棍，肚子好痛啊！

　(2) 地里的黄瓜熟了，大热的天，我摘两根解解渴。

　(3) 小明刚做完作业，肚子好饿，随手就抓了个馒头吃起来。

　(4) 超市里的食品可真多，红红什么都想吃，可妈妈不让。

　教师根据学生的回答依次在黑板上贴上智慧星。

　4．读儿歌。

　　　　夏天到，夏天到，蚊子苍蝇真不少。
　　　　常洗澡，勤换衣，环境卫生要搞好。

生吃瓜果要洗净，手儿也要常洗洗。

病从口入扰健康，卫生习惯要培养。

我是保健小能手，健康成长伴我行。

三、总结

同学们，在今天的学习中，我们学习和掌握了在炎热的夏天防暑、防腹泻等一些保健小知识，希望大家在夏季更好地进行自我保护，让自己身体更健康，让家人更放心。老师祝你们在这个夏天过得健康愉快，不但要照顾好自己，也要学会照顾好家人。

课程实施掠影

室内讨论与户外活动

课程实施感悟

与夏季相约　见证学生成长

夏日的绚烂多姿是其他季节无法比拟的，夏花的烂漫、夏树的丰盈、夏虫的熙攘、夏果的甜美无一不是孩子们心中的美好事物。

在炎炎烈日下活动影响儿童的健康。同学们的年龄小，自我保护意识差，即使很热，活动的兴趣还是高涨。为了让大家意识到这一点，更好地学会保护自己，在《夏天真热》主题活动中我利用同学们喜欢参与游戏的特点，在操场上摆放了四组活动器材，同学们十分积极。可是参与活动不久，火辣辣的太阳晒得他们一个劲儿喊热，满头大汗。我向大家提出问题，夏天的天气好热呀，那么想什么办法使自己凉快？同学们特别聪明，话匣子一下就打开了。有学生说："夏天很热，我戴太阳帽就凉快。"有的说："夏天很热，我就躲到大树下面。"还有的说："我在空调边就凉快了"……没想到同学们找到凉快的方法还真不少。为了帮助他们发现身边的凉快，引导大家观察自己的衣服，自己家里发生了什么变化等，大家的注意力很快投向了各自的衣服，大家讨论着："夏天我穿了裙子，因为穿裙子凉快。""我穿无袖的衣服，无袖衣服没有袖子，手凉快。"在主题活动中我们充分创设宽松自由的探索空间，让学生在轻松愉快的环境中学习。

在《夏天的风》这一主题活动中，我拿出几把扇子让同学们观察。这些扇子引起了学生们的关注，他们都想去看一看、摸一摸、扇一扇，当有风出来时，孩子们高兴极了。学生们积极地相互讨论着："我家也有。""我那上面还有懒羊羊呢。""我奶奶跳舞用的扇子可漂亮了。"……大家情不自禁地讨论关于扇子的话题。在观察他们谈话的同时,我发现,同学们对扇子产生了浓厚的兴趣。兴趣是最好的老师,在学生对扇子产生浓厚兴趣时,学习的参与就更加积极主动了。扇子对于我们中国古时的文人来说是一种不可替代的物品,有着特殊的情节,而中国扇文化更是博大精深,通过此系列活动,学生能够了解制作扇子的全过程并亲手设计制作扇子,让学生在感受扇文化魅力的同时也培养了审美情趣。

游戏是孩子学习最好的老师。在《好吃的西瓜》主题活动中,我们始终用游戏贯穿整个活动。用游戏"切西瓜"来调动学生的学习兴趣,利用《蚂蚁和西瓜》这本极富于趣味性的绘本,提出多种疑问,给学生设置有悬念的情节,有效引发他们大胆联想,能使在看看、想想、说说中发展思维能力和语言的表达能力。

在整个活动中,同学们始终能保持情绪愉快、情感投入、思维活跃,学生结合自己的实际经验和亲身体验,了解了蚂蚁搬西瓜的全过程,感受到了故事的乐趣,体验到阅读的快乐。孩子们也学会观察图中细微细节,感受在相互帮助的过程中团结合作的乐趣。

接下来,我更加注意从学生解决真实生活中的问题着手,以小组为单位共同进行深入的主题探索,与学生共同建构、共同表达、共同成长。在《夏天的昆虫》主题活动中,让学生提前搜集相关资料。在爸爸妈妈的帮助下,学生搜集了很多图片、文字资料,在周末他们还同家长一起捕捉到许多昆虫,装在小瓶中,带到学校"展览",同学们根据分组在组内互相交流起来。在讨论时,很多学生会为了昆虫的本领争得面红耳赤……记得有一位教育专家说过,孩子的学习是听过就忘记,看过就记住,做过就理解。这句话很好地阐明了孩子的思维和学习方式,直接行动思维接受知识的速度优于具体形象思维，更优于抽象逻辑思维。创设学生直接感知、亲身体验、动手操作的机会，是帮助他们获得知识的最迅速、最便捷的途径。

一个人的能力是有限的，如果不善于和他人合作，将不同的知识加以交流、综合、提高和运用，就不能适应时代的发展要求。合作是一种教育理念，唯有合作，方能形成合力，挖掘更多的潜能。我们始终保持自己是一名热情而积极的鼓励者、支持者，有效而审慎的引导者，时刻关注同学们的活动，根据他们的需要在精神上、材料上、策略上给予启发帮助，使同学们在自由的环境中向正确的方向不断前进。

《夏季安全伴我行》课程设计

课程内容：

夏季安全伴我行。

课程目标：

1. 充分体验夏天生活的乐趣，热爱夏天的生活。
2. 了解并遵守夏季活动的安全规则。
3. 了解夏季饮食卫生，形成良好的饮食习惯，健康过暑假。

学情分析：

每到夏天，学生经常出现因吃东西不慎引起的肚子痛，还常在课间或午间活动中发生碰撞擦伤等问题，也曾发生过学生不注意安全而遭遇车祸的事件。这一系列事件都给我们敲响了警钟：安全，是学生生活的保障！保障他们健康安全地成长仅靠大人跟随在身边保护是不够的，更要培养他们的安全意识和自我保护能力。

教学重难点：

1. 增强自立、自卫的安全保护意识。

2. 掌握一些安全防范技能以及应对措施。

教学过程：

第一课时

一、校园安全

1. 防磕碰。目前大多数教室空间比较狭小，又放置了许多桌椅、柜子等用品，所以不应在教室中追逐打闹、做剧烈的运动和游戏，防止磕碰受伤。

2. 防滑、防摔。教室地板比较光滑，要注意防止滑倒受伤；需要登高打扫卫生、取放物品时，要请他人加以保护，注意防止摔伤。

二、运动安全

1. 上体育课和课外活动前要做好准备活动，运动时要按照老师要求的动作要领去做，不要任意行事！老师严令禁止的事情不要做。

2. 利用运动器械进行体育活动时，一定要按照常规要求去操作，切不可随意操作，在运动过程中一定要注意安全。

三、走近交通

1. 交通安全：

（1）过马路看红绿灯。

（2）过马路要走人行横道，不能跨越护栏。

（3）过马路不要说话、打闹。

2. 向同学们提出三点倡议：

（1）我们要认真学习交通安全的法律法规，遵守交通规则，加强安全意识，树立交通安全文明公德。

(2) 我们走在人来车往的马路上时，时刻保持清醒的头脑，不在马路上嬉戏打闹。

(3) 我们过马路时，多一份谦让与耐心，不闯红灯，走人行横道，绝不能为贪一时之快，横穿马路。

3．看交通标语。

4．认识道路交通标志。

总结：在日常生活中，像这样的警示牌还有很多很多，它们时时刻刻提醒着我们注意安全，同学们可要留心观察呀！但并不是每个地方都有警示牌来提醒我们，在没有警示牌的地方，我们更应该细心观察，加倍小心，尽量避免受伤。

四、设计一幅校园安全标志或交通标志、标语

五、小组展示

班内选出5名"小小设计师"。

第二课时

一、做游戏，感受夏季

同学们，夏天来了，提到夏天你想到了什么？（引导学生从吃、用、玩、伴等方面来谈。从身边事说起，在生活中提炼。）

让我们来玩一个小游戏，在我们身边有许多事物都对我们发出了夏天来了的信息，看看你们能不能找到。我们每个人说一件事或者一样东西，能让大家一听就可以想到夏天，看看谁说得多。我先说一个：电扇。

（学生回答：冰淇淋、空调、游泳……）

二、安全过夏天

夏季的生活多姿多彩，安全问题要注意。我们要互相提醒在活动中、生活中应该注意些什么呢？

学生回答：(1)妈妈出门会打伞，我要提醒找小伙伴玩的同学别晒太阳。(2)别吃太多冰淇淋，我有一次吃多了，肚子疼得厉害。(3)睡觉时空调不能直吹，我爷爷说那样骨头会疼的。

怎样度过一个健康、安全的夏季呢？下面，我们就一起来学习今天的主题活动——夏季安全伴我行。

1．珍爱生命，远离溺水伤害。

数据介绍：全国每年有1.6万名中小学生非正常死亡，溺水和交通意外居死亡人数的前两位。

案例介绍：河滩玩耍差点酿险情。

2007年6月21日，某中学组织师生前往该市近郊河滩进行野炊活动。临近中午，野炊活动结束，带队老师组织学生结对回校。该校初一学生黄某等三名女生结伴留在回校的队伍最后，并准备离队偷偷去附近的河里戏水。此时，该校的两名高一男生恰好途经此地，及时加以劝阻，并将她们送回学校。事后，据村民反映：该河表面平静，但深浅处相差甚大，河床最深处的水深达4～5米。三名女生不知险情，如果下水，后果不堪设想。

小结：参加集体活动不要擅自离队，不要私自到江河湖泊中游泳，不要到毫无安全防护设施的水边玩耍；如有人在水边玩耍，要及时加以劝阻。

（展示溺水事件图片）看了这些图片，此刻，你在想什么？请同学们谈谈看法。

2．学习溺水相关知识，了解急救措施。

定义：溺水又称淹溺，是指人体淹没于水中，呼吸道、肺部为水堵塞，严重者可因呼吸衰竭、心跳停止而死亡。

现场急救步骤：①现场呼叫急救：协助救人和通知急救中心。②保持呼吸道通畅：把呼吸道及胃中的水从口中倾倒出来。③溺水者上岸（船）后，不论其清醒与否，均应清除其口鼻中的泥沙、杂草，脱下假牙，把舌头拉出口外，松解衣领，以免影响呼吸。如果溺水者呼吸、心跳微弱或已停止，应立即对溺水者进行心肺复苏术。人工呼吸应采用俯卧压背法或举臂压背人工呼吸法。溺水者呼吸已停止应采用口对口人工呼吸，吹气量要大，心跳停止者进行胸外心脏按压。

3．游泳四不要：

（1）没有家长带领，小孩子不能偷偷地结伴去游泳。

（2）不能去不知水情、地方很偏僻的小河、池塘里游泳。

（3）为预防抽筋，要做好下水前的准备，先活动活动身体，用水淋湿身体各部分，不能马上下水！

（4）对自己的水性要有自知之明，千万不要抱有侥幸心理，下水后不能嬉戏玩闹，在没有大人及安全措施的情况下不能逞能比赛。

4．看到溺水者我们怎么办？

（1）原地大声呼救。

（2）跑去找大人。

（3）拨打110或120急救电话。

（4）没有绝对把握，不要冒险救人，以免造成更严重后果！

师：看来如果我们不注意身体健康和自己的人身安全的话，会给我们的生活带来许多麻烦，因此我们应该做一个健康、安全的小卫士。

三、唱一唱

通过这次学习，我们了解了许多关于健康和安全方面的知识，同学们也懂得了健康和安全的重要性，知道了怎样才能保证我们的身体健康和人身安全。学生齐唱《小学生安全歌》。

四、总结

我相信同学们能把健康和安全规则记牢，健康和安全意识将牢牢地在每个人的心中生根、发芽。我们还要当小小宣传员，把健康和安全的知识向全校同学宣传。

课程实施掠影

学安全知识，绘警示标志

课程实施感悟

快乐度夏日，安全伴我行

针对季节性的特点，我设计了季节课程——《夏季安全伴我行》。此课程设计意图旨在使学生充分体验夏天生活的乐趣，热爱夏天的生活。了解并遵守夏季活动的安全规则，健康过暑假。

我们开展了以讲座为主，内容丰富、形式多样的"快乐度夏日，安全伴我行"夏日安全教育活动。为确保活动的有效性，我在课程中设计了以下几个教育内容：校园安全、运动安全、交通安全、防溺水等。通过一个个真实的案例、一张张触目惊心的图片营造了浓厚的安全教育氛围。我们排演了溺水的情景剧，更加生动形象地向学生展示出溺水的危险。通过小学生安全歌，强调夏日安全的重要性，争取学生家长的密切配合，共同做好学生的夏日安全工作。

通过活动的开展，"珍惜生命，安全第一"的观念深入人心，大大提高了学生的安全意识。

版块十三：季节课程之太阳和我们

《太阳和我们》课程设计

课程主题：

太阳和我们。

学情分析：

1. 一年级的学生由于年龄稍小，注意力集中时间不持久，再加上活泼好动，兴趣难持久，依赖性强、自我约束能力差。

2. 根据以上学生特点，我采用多种形式来进行教学。大力鼓励学生认真学习，注重开发他们的想象思维和创造能力，引导他们把学习和生活紧密地联系在一起。

3. 一年级学生的语言表达能力不强，有些学生的性格内向，不敢或不自信上讲台，所以教师在讲授的过程中应多多地给学生机会。

课程内容：

太阳东升西落是自然规律，所以并不能引起学生对它的"关注"。《太阳和我们》这节课能够引起学生对太阳的兴趣以及想要探索太阳的心。太阳离学生的生活说远是因为它是我们摸不到的，但离我们的生活也很近，我们每一天都离不开太阳。让学生通过自己分享、老师专业讲授、绘制自己的太阳等方法来进行。本节课将科学中的太阳与美术的太阳、数学的认识时间、道德与法治的保护我们的环境等融合在一起，形成一个多维度的课程，将一个太阳变成一个"多元化"的太阳。

课程分为两部分，第一部分是学生在教室内进行的，头天晚上学生在家里已经进行了初步的了解，掌握了一个或两个关于太阳的知识。在课堂上首先让学生在小组内进行太阳知识的分享讨论，然后让自愿的学生站在讲台上换位成老师来给大家讲解太阳。随后将学生分成若干个小组，让学生以讨论的形式完成两个小任务：确定一名组长和谁完成什么实验。第二部分是让学生在教室外进行的，学生分别去完成三个关于太阳的实验，完成后学生来分享自己的发现。最后学生自己创作属于自己的太阳，并把它画下来。

课程目标：

1. 通过体验活动和观察讨论，知道太阳能够发光发热，太阳对人类生活有着重要的影响。

2. 利用多种感官以及简单工具，增强收集证据的意识和能力。

3. 激发探究自然现象的兴趣。

4. 启发学生热爱我们生活中的自然能源。

评价实施：

1. 实验的评价以小组分享和《学生活动手册》的完成情况为依据。

2. "小小老师"由每组投票，票选出最受欢迎的小老师。

3. 绘制自己的小太阳，最终以美术作业的标准进行评分。

教学过程：

一、谜语激趣，聚焦问题

同学们，老师给大家带来一个谜语：

早晨跳出东海面，

傍晚休息下西山。

夏天我们躲着它，

冬天人人都喜欢。

（学生回答：太阳，太阳公公……）

非常正确，谜底就是太阳。你们都知道哪些关于太阳的知识呢？现在我们进行一个"小小老师"的活动，每个组员首先在你的小组内分享你的太阳知识，随后我们的小老师可以站在讲台上给同学讲一讲。

（太阳能够发光、太阳还能发热……学生还可能会说出其他有关太阳的知识）

同学们知道得真多！通过之前的学习，我们都知道植物的生存和生长离不开太阳的光，说明太阳能够发光。老师这里有一个疑问，希望同学们可以帮助我解决一下：太阳真的能够发热吗？怎样证明太阳能发热呢？

（学生思考后回答）

这节课我们就来研究这个问题（展示课题：太阳和我们），刚才同学们说出了一些方法，老师给大家做一下补充和总结，我们可以用以下方法证明太阳是否发热：

1. 在太阳下戴上太阳帽和不戴太阳帽对比一下，感觉有什么不同。

2. 摸一摸向阳处和背阴处的地面，对比一下感觉有什么不同（或者你可以站在向阳处下和站在阴凉处，对比一下有什么不同感受）。

3. 感受同时分别放在向阳处和背阴处的两个塑料袋（或烧杯）中的水，它们有什么不一样。

大家听明白了吗？此时，外面的阳光非常灿烂，就让我们走出教室，开始我们的实验吧！

二、亲身体验，寻找证据

1. 各个小组有序地走到室外一处既有向阳处又有背阴处的开阔地方。（老师拿出事先准备好的烧杯或者塑料袋）同学们，这两个烧杯中装有一样多的水，我们把这两个烧杯分别放在向阳处和背阴处，10分钟后我们再来观察。随后把两个烧杯分别放在向阳处和背阴处，用秒表计时。

2. 先将参与活动同学分组，每组两顶太阳帽，大家都站在阳光下，每个同学都体验一下戴太阳帽和不戴太阳帽感觉有什么不一样。注意不要直视太阳，以免伤害眼睛。

时间已经过去了10分钟，就让我们来感受一下这两个烧杯里的水有什么不同，学生排队有序地用手去感觉水的变化。活动结束，大家一起回到教室。

三、总结拓展，印象加深

同学们，通过刚刚三个小小的实验体验，现在请你们说一说：你在刚才的活动中都有什么新发现或者你有什么样的体验？

（学生回答：不戴帽子很热，戴上帽子后不是那么晒了；向阳处的地面热乎乎的，背阴处的地面不是那么热；向阳处的塑料袋里的水比背阴处塑料袋里的水温一点；我站在阳光下很晒，站在阴凉的地方就很凉爽。）

很好，同学们都有了属于自己的体验，那老师先问你们：你们站在阳光下很热，是谁发出的热呢？(学生回答：太阳、光)

在我们戴帽子的实验中，我们都是站在阳光下，那不戴帽子跟戴上帽子有什么不一样的感受吗？(学生回答：戴上帽子不晒，不戴帽子比较晒；戴上帽子不热，不戴帽子比较热……)

在这个实验中，只有一个实验条件发生了变化，就是是否戴帽子，那请你们思考一下：你们所谓觉得比较晒是因为光是谁发出来的呢？(学生回答：太阳)

我们刚才做了三个实验。第一个实验是你站在阳光下体验戴上太阳帽和不戴太阳帽感觉有什么不同，在这个实验中，除戴不戴太阳帽这一点不同之外，其他条件都一模一样。第二个实验是摸一摸向阳处和背阴处的地面感觉有什么不同，在这实验中，除向阳和背阴这一点不同之外，其他条件都一模一样。第三个实验是用手感觉向阳处和背阴处烧杯里的水有什么不同，在这个实验中，除向阳和背阴这一点不同之外，其他条件都一模一样，比如都是烧杯或黑色塑料袋，都是一样多的水，都放置了10分钟。像这样除一个因素不同之外，其他的因素都一模一样的实验就是对比实验，对比实验能让我们的结论更有说服力。如果我们不做对比实验，我们的结论还有说服力吗？(学生回答：没有！)

对比实验是一种很重要的搜集证据的方法，在以后的学习中我们还会经常用到对比实验这种方法。

请同学们认真观察黑板上这些图片，说一说，人们这样做与太阳有什么关系呢？(学生自由回答)

总结：人类的生活离不开太阳的光和热。

课程实施掠影

户外体验

学生画笔下的太阳

课程实施感悟

我们与我们生活中的太阳

这一节课培养了学生留心生活的好习惯。同学们通过一系列亲身体验验证自己的观点。在教学过程中,教师应该进一步指导学生,让学生通过"小小老师""亲身体验"等环节真正参与到课堂中,将课程归于学生。在这节课中,学生通过在组内的讨论得到一些答案,感受讨论之美。

一年级学生有自己的性格特点,有着好奇、爱探索的性格,一整节课上学生的兴趣高涨。在课程开始的时候,老师通过一个小小的谜语将学生的注意力吸引到课题上。在上课之前，已经让学生通过自己的方式查找了一些关于太阳的知识，课上学生在自己的组内分享自己的认识。学生喜欢跟与自己同岁的孩子讲话，因为同岁的孩子能够完整地换位思考，明白7岁左右的孩子是如何想的。在组内分享完之后，请说得好的孩子上台与班级里所有的同学分享。

在这节课中，学生最喜欢体验活动这一环节。在这个环节中，由于我自身的原因造成了一点课堂意外，在给学生讲说实验的规则时，由于解说得不够准确，孩子们一开始不知道要做什么。在以后的教学过程中，我时刻要记得面对的是一年级学生，在讲授时一定要注意语言的表达，避免再次出现类似的情况。但是从整体效果来看，学生参与的积极性很高，学生通过自己的亲身体验得到一些抽象的答案。我也意识到教师在教学过程中的引导作用。

版块十四：季节课程之空气

《空气》课程设计

课程主题：

空气。

学情分析：

1. 学生属于低年级阶段，一整节课的纯知识传授的教学方式并不适用于他们，所以本节课分为了两部分；小实验的部分采用了竞赛的方式，以激起学生的兴趣。

2. 经过一个学期的学习，学生有了小组意识，对于小组分工合作有的学生已经可以独立进行了，但仍有一些学生需要教师的指导。对于小组分工后自己负责的任务是由组长进行分配的，但需要教师说明任务的要求。

3. 低年龄段的孩子是比较喜欢说的，所以要让学生多多进行分享，老师也要大力鼓励学生大胆上台讲话，在课堂中也让学生积极参与讨论。

课程内容简介：

空气是人们生活中必不可少的，以至于人们会忽略它。通过这节课能够引起学生们的注意，关注身边的"小"事物、容易忽略的事物，培养学生处处留心的好习惯，也培养学生独立探索的能力。在独立完成任务的同时加强了学生合作能力、语言表达能力和团队管理的能力。

本节课将小学科学中的空气、语文的口语交际能力、道德与法治中的认识我们的环境、体育课程等融合成一节课。课程安排分为两部分。第一部分是关于空气知识的简单介绍。通过猜谜语等一系列小游戏拉开本课序幕。第二部分是安排组织学生进行一系列关于空气的实验，通过不同的游戏让学生知道空气的不同方面。

课程目标：

1．通过猜谜语和玩空气游戏活动，激发学生的好奇心与求知欲，开始将学习聚焦于关于空气的探究。

2．创设宽松、愉悦的学习情境，学生通过参与空气"气球树"活动充分展现其关于空气的已有认知和经验，为后续的学习打下基础。

3．通过"问题银行存折"活动提出关于空气的问题，初步形成问题意识，提高提问的兴趣和能力，表达与交流的能力也得到一定锻炼。

4．在找空气活动中认识空气，让学生知道我们的周围充满着空气。

设计理念：

教学过程要根据当前学生的具体情况进行，老师可自主进行适当改动。在本节课中老师引用一种新的教学方法：头脑风暴。这种方法一方面可以培养学生的创造能力；另一方面也可以开拓学生的思维。在教学中，主要是围绕"空气"展开一系列的教学活动，让学生了解有关空气的"间接知识"和"直接知识"。所谓间接知识就是指老师和学生用语言直接向学生讲述的知识。所谓直接知识是指学生自己动手通过小实验获得的知识。在活动过程当中，教师强调游戏要做到公平，培养学生用证据说话的科学意识，从细节上落实科学课的教学常规。

评价实施：

本课的评价以随堂评价为主要形式。

1. 在活动中，教师强调游戏的公平性，及时表扬能够遵守规则的学生。

2. 在严谨的科学实验中，教师首先将实验的注意事项告知学生，并随时纠正学生的不严谨行为。

3. 结束后，请同学说说自己的心得体会，并总结教学过程中好的地方和需要改正的地方，及时巩固学生的认识。

教学过程：

一、猜谜语

> 看不见，摸不着，
> 不香不臭没味道。
> 说它珍贵到处有，
> 动物植物离不了。

二、空气知识知多少

将自己知道的小知识写在学生手册里，再进行班级分享。

三、空气小游戏

1. 找空气

同学们，你们知道空气在哪里吗？今天我们来找一找空气，在进行找空气之前，有三条温馨提示（悄悄地、轻轻地、快速地），因为空气的"脾气不是很好，所以我们要遵循前面的三条提示"。

你们找到空气了吗？你们是在哪里找到的呢？请学生来说说找到的空气是什么样的呢？

2．吹气球

要求：(1) 用嘴吹（但不要对着别人的脸吹）。 (2) 认真听口令（开始以及结束的声音）。 (3) 气球越大越好。

3．瓶子里面的空气。

4．折小风车。

在活动进行过程中，学生可能带有比较锋利的东西，所以要强调安全问题。

得到结论：我们的生活环境中充满着空气。

四、认识空气

1．回忆旧知识，聚焦话题，提出猜想。

不久前的科学课上，我们一起观察了水，还记得水有哪些特征吗？

（学生回答：水是没有颜色、透明、没有气味、没有味道的物质，水还是可以流动的……）

水是我们生活中一种常见的物质，空气也是我们生活中常见的物质，空气又有哪些特征呢？哪位同学发表一下自己的见解？

（学生回答：空气是白色的，空气和水一样没有颜色，没有气味，空气有时候有气味。有人放屁后，空气就会有臭味了……）

全班学生大笑。教师没有批评这个学生，等学生们的笑声止住后，对这名学生提了一个问题：在我们闻到臭的气味之前，你闻过空气本来的气味吗？

我们需要将关于空气特征的猜想记录下来，请把你自己的猜想记录在

《学生活动手册》第 18 页里，怎么想的就怎么记。

2. 搜集证据，证实猜想，得出结论。

我们已经把我们的猜想记了下来，这些猜想是不是正确的呢？我们需要对空气进行仔细地观察，找一找证据。在上节课，我们已经找到了空气，下面就请同学们认真地观察空气，我想你们可能会有新的发现。

提示学生可以用观察水的方法观察空气，如果需要材料，可以找老师协商。

学生小组活动，观察空气并相互交流。

介绍时可以先说一说自己是怎么做的，有什么发现，然后说说你的发现能证明空气的哪条特征。

（学生回答：我们观察的是矿泉水瓶里的空气，我们是用眼睛看的；我们是用鼻子闻的，用手把空气往鼻子下面扇……）

课程实施掠影

学生通过实验认识瓶子里的空气

学生通过吹气球认识空气

课程实施感悟

空气的"秘密"

空气是我们生活中必不可缺的,它就在我们周围,既看不见也摸不着。那这样一种抽象的物质应该怎样让学生看到并了解到呢?这是这节课的一个重点。在教学过程中,针对低年级学生的特点,通过谜语、游戏、实验、户外观察等一系列的方式让学生感受身边的空气,让学生用自己的眼睛、鼻子、舌头去感受一直被学生忽视的物质——空气。

课程共分为三小部分。首先,空气的介绍:通过一个小小的谜语去揭开本课的课题,进而让学生关注到空气、留心到空气。介绍分为老师介绍和学生介绍,学生用他们简单易懂的语言去分享给大家,最后老师的工作只是进行总结。其次,空气实验:这部分是学生积极性很高的部分,也是学生最喜欢的部分,这些实验是将一些抽象的东西变成学生可以用肉眼观看到的现象。但其中的关系一定要说明白,这也是我在上这节课中忽视的一点,以为孩子可以自己发现，实际上还是需要老师说明。通过实验学生从多方面感受到空气，让学生在一种轻松愉悦的环境下不知不觉就明白其中的意义，在教学过程中我发现低年级学生的语言表达能力还是有所欠缺的，抽象的东西他们只能做到知道但说不出来，这时候就需要老师用语言引导学生，让学生将自己的所看所想用自己的语言表达出来。最后，观察空气，有了前面两步，学生对空气有了一定的了解，再进行观察，学生就能很准确地去观察。

在进行本节课的教学中，知识的讲解固然很重要，但是其中的教学方法也很重要：头脑风暴、抽象物质通过其他可见的物质进行转换……一节课下来，不仅仅是学生学到了应有的知识，作为教师的我也受益良多。

主题三：家长课程

作为课程，我们尝试将优质家长资源引入校内，让家长为学生分享。把家长"请进来"，让家长参与到孩子的课堂来，与家长一起携手点亮孩子的幸福人生。

花语有约　课中绽放

花的绽放，姹紫嫣红、芳香馥郁，装点了这缤纷美丽的世界。在我们的生活里，花也扮演着重要的角色。新春佳节、开会宴客，摆上一盆花，顿觉满室芬芳、生机盎然。开幕祝贺、生日送礼、迎接亲友、探望病患等各种场合，花也是最能表达情意的馈赠礼物。5月31日下午，庄依和妈妈为同学们带来一次家长课程——会说话的花儿。

庄依的妈妈得知要为同学们上家长课程，激动地告诉我："作为家长，看着自己孩子和其他小朋友一样每天高高兴兴上学，时常想起小时候的自己，也是那样背着书包走进校园。每天就是读读书，算算数……但是能够像老师一样在讲台上和小学生一起学习、一起互动，还真是头一次。非常感谢班主任能够提供这样一个学习机会，让我可以尽自己的一点微薄之力。"庄依的妈妈周四下午2：40进的教室，同学们见到庄依妈妈都主动微笑着打招呼，好像并不陌生。在"家长进课堂"的40分钟里，庄依妈妈跟大家分享了"我们常见的节日的含义"，告诉同学们在什么时候送哪种鲜花最适宜！

在家长课程中，我发现一（3）班的同学们都很可爱、友善和好学，也发现各自身上所具备的不同闪光点。在这个对知识渴望和好奇的阶段，让我感触很深的是在学校外，家长们应付出更多的时间以各种形式去跟孩子一起探索未知的世界。

庄依妈妈课后跟我交流：虽然在活动前准备了充分的幻灯片并配以图片、动画等，但是在活动中还是因为经验不足，感觉教给孩子们的东西还是有些空洞。但是我看到课堂上小家伙们的好学的心理，一个个都积极发言，认真回答问题，真是应了那句话：兴趣就是最好的老师。

通过这期家长课程，我体会到学校对学生教育的重视，也体会到家庭教育对孩子的影响不可轻视，发现有些孩子知道的礼仪和课外知识量非常丰富。这给我在班级里开展相关主题课程增添了许多力量。

庄依妈妈向同学们讲解鲜花的知识

词语积累从成语开始

成语是汉语词汇里特有的一种定型短语。它言简意赅，音韵和谐，是汉语词汇里极具生命力和表现力的部分。

5月24日下午，一（3）班陈妍妈妈给同学们带来了一节生动的成语接龙的课程。

这是陈妍妈妈第一次上成语接龙课，一年级的学生对成语的积累特别贫乏，课前陈妍妈妈搜集了关于数字和十二生肖的成语，大家非常感兴趣却不会读。针对这种情况，陈妍妈妈把搜集到的比较常用的数字成语和十二生肖成语，领着同学们读了几遍。一节课下来，很多同学都能熟练朗读，

同学们在陈妍妈妈的课堂上踊跃表现

真的是潜力无限。在课堂上呈现出来的效果也不错，大家体会到了学习的成就感。这次家长课程让我明白了：一定要将积累进行到底，既然让学生积累，就必须有展示、有评价，不能半途而废。

学生们通过活动不仅提高了自我的语言水平，也在活动中得到了锻炼，同时，也拓宽了视野，强化了语言的应变能力和反应能力。成语接龙比赛活动，使那些平时对语文基础知识忽视的学生提高了关注度，使他们深深认识到了基础知识积累的重要性，激发了学生学习的激情和兴趣。

神奇的中医药

5月4日下午，金水区实验小学一（3）班的孩子们格外兴奋，教室里不时传来天真灿烂的笑声和清脆的抢答声。此刻，他们正在上一节特殊的课——《中医药走进课堂》。对于孩子们而言，这是一堂特别的课：中医刮背和山药、芡实、薏苡仁等常见可食用的中药材走进了孩子们的视线。

一（3）班马涵的妈妈是位中医大夫，她告诉我，走在路上还在想，给一年级的孩子讲中医，他们能否接受，能否听得懂呢？

开讲以后，孩子们热情高涨，积极抢答问题，马涵妈妈一路的担忧顿时烟消云散。马涵妈妈从神医扁鹊三见蔡桓公讲到华佗为关羽刮骨疗伤，

同学们向马涵妈妈认真学习中医药知识

从魏征雪梨救母讲到中医的药食同源、五色五味入五脏……孩子们听得津津有味。

课间休息时，孩子们像小鸟一样围在马涵妈妈的四周问这问那，从感冒咳嗽到发热，从食积到腹泻……

马涵妈妈讲得非常生动有趣，孩子们特别认真，一双双大眼睛紧紧盯着大屏幕，认真地聆听"老师"细致讲解。在抢答环节，孩子们一个个争先举手应答、现学现用，一时间，教室的各个角落飘荡着浓浓的"中医药味儿"。

看到一张张带着问号的小脸，我和马涵妈妈都非常高兴，孩子们的求知欲真旺盛！从娃娃抓起，可以增强孩子们对中医药文化的了解，培养他们的兴趣，也有利于中医药文化的传承与发展。学习中医药知识也有助于从小培养孩子们健康生活的理念和方式。

附 录

金水区实验小学荣誉护照

荣誉护照的内容丰富多样,包括小学基本规范、少先队队歌、校歌、课程等内容,能够让学生更好地认识学校、开始小学生活,帮助新入学的同学们更充分地适应小学生身份,有助于他们对新的学校生活的理解,这种活泼的师生互动形式让同学们感到新奇有趣,更能吸引他们。

荣誉护照的封面与封底

荣誉护照的欢迎页和学校介绍页

荣誉护照里的《中国少年先锋队队歌》和《小学生日常行为规范》

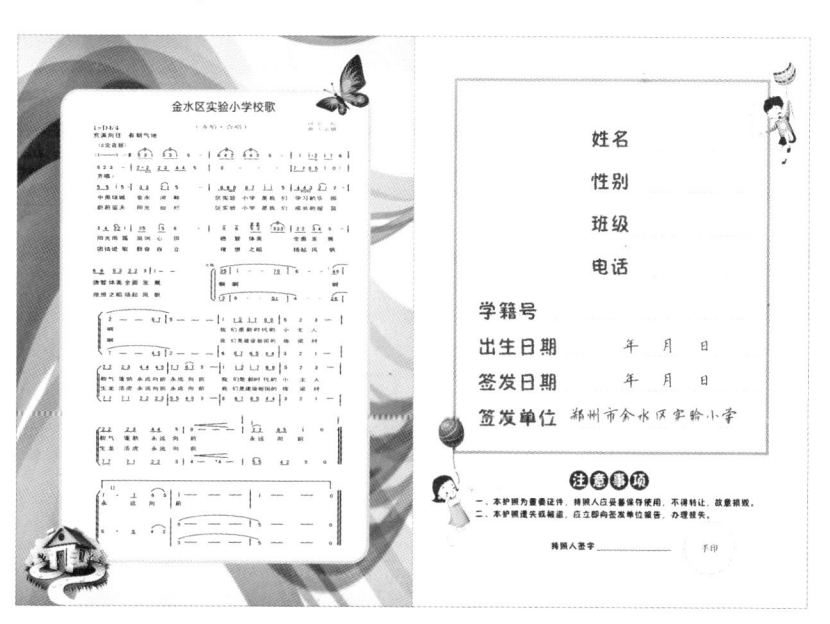

荣誉护照里的《金水区实验小学校歌》和学生信息页面

经过学科整合的开学课程

经过学科整合的秋季课程

附 录

经过学科整合的入队课程

经过学科整合的冬季课程

171

经过学科整合的节日课程

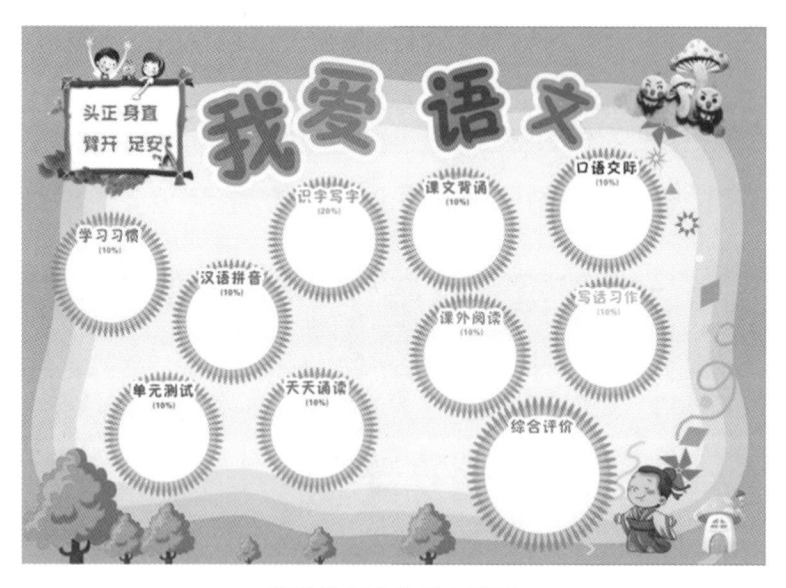

荣誉护照中的语文课程

附录

荣誉护照中的数学课程

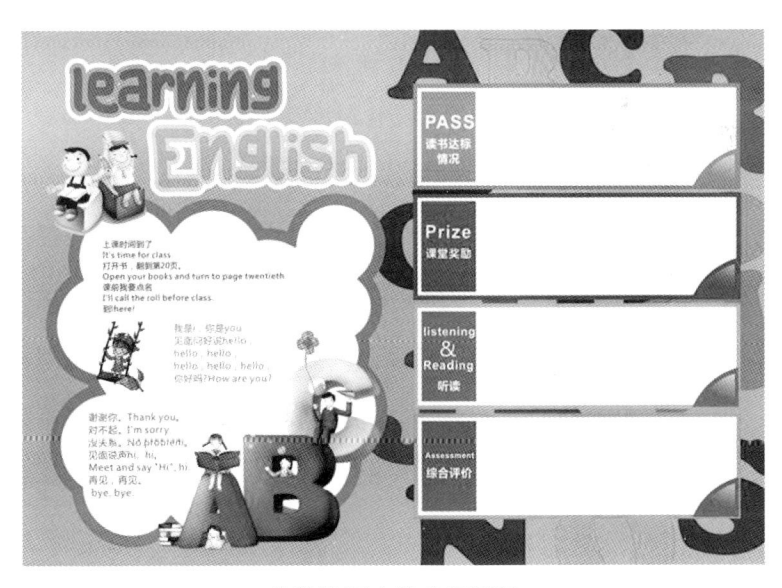

荣誉护照中的英语课程

173

荣誉护照中的体育课程

荣誉护照中的音乐课程

附 录

荣誉护照中的美术课程

荣誉护照不单是老师与学生互动的体现，更是学生与家长、老师与家长、同学之间有效的交流方式

金水区实验小学阅读存折

我们推出了学生阅读存折，积极引导、鼓励学生阅读。格式模仿银行存折，设置了阅读契约、学生信息、我的阅读存款、阅读地图、推荐书目等活泼有趣的项目分类，学生们十分喜爱，也受到了家长们的欢迎。

阅读存折的封面与封底

阅读契约

学生信息页

我的阅读存款及其使用说明

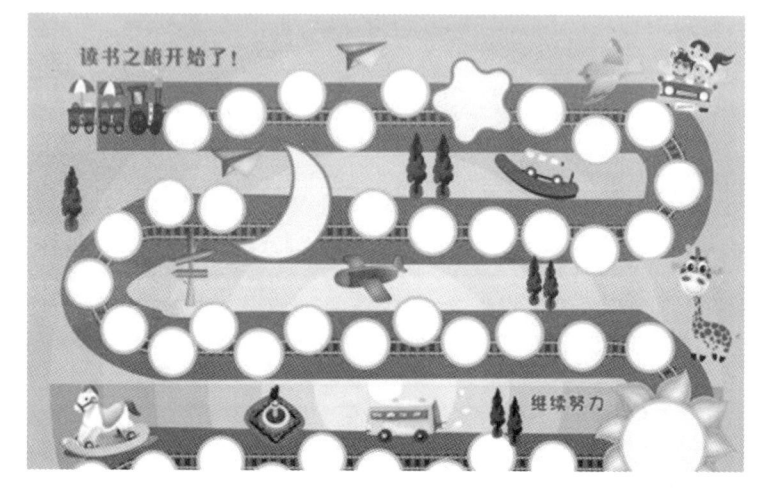

阅读地图

附录

阅读地图

1. "阅读地图"可进行四个层级的盖章，依次为星星奖章（读完5本书）、月亮奖章（读完15本书）、太阳奖章（读完30本书）、宇宙奖章（读完50本书）。
2. 获得"太阳奖章"后，将被评为"班级阅读之星"；获得"宇宙奖章"后，将被评为"阅读大王"。

阅读地图说明

低年级推荐书目

序号	书名	作者/编者/译者/绘者	出版社
1	蝴蝶·豌豆花	金波 编，蔡皋 等画	河北教育出版社
2	稻草人	叶圣陶 著	希望出版社
3	没头脑和不高兴	任溶溶 著	浙江少年儿童出版社
4	小猪唏哩呼噜	孙幼军 著，裘兆明 图	春风文艺出版社
5	我有友情要出租	方素珍 著，郝洛玟 绘	新疆青少年出版社
6	不一样的卡梅拉（我想去看海）	（法国）约里波瓦 著，（法国）艾利施 绘，郑迪蔚 译	二十一世纪出版社

序号	书名	作者/编者/译者/绘者	出版社
7	百岁童谣	山曼/编著	贵州人民出版社
8	寻找快活林	杨红樱/著	湖北少年儿童出版社
9	十兄弟	沙永玲/编著，郑明进/绘	五洲传播出版社
10	月光下的肚肚狼	冰波/著	湖南少年儿童出版社
11	格林童话选	（德）格林兄弟/著，魏以新/译	天津教育出版社
12	让路给小鸭子	（美）麦克洛斯基/著，柯倩华/译	河北教育出版社
13	青蛙和蟾蜍	（美）阿·洛贝尔/著，潘人木、党英台/译	明天出版社
14	木偶奇遇记	（意）卡洛·科洛迪/著，徐调孚/译	天津教育出版社

在阅读存折里，老师为同学们精心挑选了推荐书目

低年级推荐书目

序号	书名	作者/编者/译者/绘者	出版社
15	了不起的狐狸爸爸	（美国）罗尔德·达尔/著，代维/译	明天出版社
16	我和小姐克拉拉	（德国）迪米特尔·茵可夫/著，陈俊/译	二十一世纪出版社
17	第一次发现（濒临危机的动物）	法国伽利玛少儿出版社编，（法国）雨果/绘，王文静/译	接力出版社
18	神奇校车（在人体中游览）	（美国）乔安娜·柯尔/著，（美国）布鲁斯·迪根/绘	贵州人民出版社
19	一粒种子的旅行	（德）安妮·默勒/著，王乾坤/译	南海出版公司
20	鼹鼠博士的地震探险	（日本）松冈达英/著，蒲蒲兰/译	二十一世纪出版社

序号	书名	作者/编者/译者/绘者	出版社
21	动物王国大探秘	（英国）茱莉亚·布鲁斯/文，兰·杰克逊/图，杨阳、王艳娟/译	广州出版社
22	千字文·三字经·弟子规	郝光明、罗容海、王军丽/译注	文化艺术出版社
23	中国神话故事	聂作平/编著	天津教育出版社
24	笠翁对韵	李渔/著	浙江古籍出版社
25	人	（美）彼得·史比尔/著，李威/译	贵州人民出版社

在阅读存折里，老师为同学们精心挑选了推荐书目

参考文献

[1] [美]拉尔夫·泰勒. 课程与教学原理[M]. 罗康译. 北京：中国轻工业出版社，2016.

[2] [美]James A.Bane. 课程整合[M]. 单文经译. 上海：华东师范大学出版社，2003.

[3] 邢至晖，韩立芬. 特色课程8问[M]. 上海：华东师范大学出版社，2013.

[4] [美]彼得·圣吉. 第五项修炼[M]. 张成林译. 北京：中信出版社，2009.

[5] [美]约翰·富兰克林·博比特. 课程[M]. 刘幸译. 北京：教育科学出版社，2017.

[6] [英]B.霍尔姆斯，M.麦克莱恩. 比较课程论[M]. 张文军译. 北京：教育科学出版社，2001.

[7] [美]威廉·F.派纳主编. 课程：走向新的身份[M]. 陈时见，潘康明译. 北京：教育科学出版社，2001.

[8] 余文森. 核心素养导向的课堂教学[M]. 上海：上海教育出版社，

2017.

[9] 单留玉等. 读懂学生的课程Ⅰ[M]. 郑州：大象出版社，2019.

[10] 单留玉等. 读懂学生的课程Ⅲ[M]. 郑州：大象出版社，2020.

[11] 周春柳,匡莉,范燕荣. 基于学生核心素养的"智慧课程"构建[J]. 基础教育研究，2017(05):65-67.

[12] 吴红华，林宣龙. 教育：智慧视角的诠释、反思及实践构想[J]. 江苏教育研究，2008(02):39-42.

[13] 肖淑芬. 科学构建课程体系 促进学生全面发展——以厦门市前埔南区小学"博雅"课程建设为例[J]. 福建基础教育研究，2016(03):23-25.

[14] 杨金明. 小学适合教育课程体系的构建与实施——以滨州市沾化区第一实验小学为例[J]. 现代教育，2017(02):18-19.

[15] 肖蓉蓉. 校本课程体系的开发与实践研究[J]. 基础教育论坛，2017(06):53-55+58.

[16] 刘岩林，王俊力. "枣花朵朵开"课程体系的构建与实施[J]. 现代教育，2017(03):25-26.

[17] 陈耀华，陈琳. 智慧型课程特征建构研究[J]. 开放教育研究，2016，22(03):116-120.

[18] 陈琳，陈耀华，李康康，赵苗苗. 智慧教育核心的智慧型课程开发[J]. 现代远程教育研究，2016(01):33-40.

[19] 徐新玲. 为生命成长打好底色[J]. 创新教育，2010（12）.

[20] 张学集，王军仁，孙宽宁. 统整课程体系促进内涵发展[N]. 中国教育报，2014-01-08.

[21] 于淼，单留玉. 让每一个生命健康成长——记金水区实验小学生态教育的探索[N]. 郑州日报，2012-05-10（5）.

[22] 李杨. 金水区实验小学：起于生命 达于精神[N]. 郑州日报，2013-06-26（3）.

智慧课程，绽放生命的精彩（代后记）

我校成立于 2001 年，时值第八次基础教育课程改革启动，我校开始了艰难而幸福的探索之旅。此后，我校教师积极投入课程改革中，无论是课改年级还是非课改年级，都在探索着新课程的理念。

回顾走过的十几年课改历程，我们彷徨过、困惑过，但我们一如既往地前行着，因为有坚定的信念，有执着的追求，因为我们懂得，只有以学生为本，才能促进课程走向深入。在课改的路上，我们有时会走得很快，有时会走得很慢，但我们从未放弃，一直在前行。

从校本课程的探索，到综合实践活动校本化的实施，再到学科内课程的整合，再到 2016 年我校一年级开始智慧课程的探索，这一路走来，老师们建立了自己的课程话语体系，取得了课程与教学的突破性进展。我校的智慧课程，强调的是一种统一整合，将跨学科的内容进行整合实施，我们聚焦主题，分成版块，找到融合点，进行深度的课程研发和探索。我们确立了"读好书，写好字，做真人的智慧少年"的育人目标，破除书本知识的桎梏，建构具有生活意义的课程内容。难忘每次寒、暑假放假后教研组老师的一次次研讨，难忘午休、放学后，各科教师齐聚一起进行深度的交流……正是这一次次的教研，将课程不断推进，也促使我们的思考不断深入，我们对课程的理解也逐渐加深。一次，走进办公室，我看到了闫彦老师在阅读《课程的力量》，感动于一线教师在中午时间醉心阅读课程类专业书籍，在课程改革的路上不断从实践迈向理论的前沿。这样的感动，在我们的生活中还有很多很多，感谢老师们的辛苦付出，感谢老师们的用心实践。虽然在他们心中，做智慧课程真的很累很累，但他们却没有怨言，因为他们懂得，这样的付出更多是站在儿童的角度做教育。这就是我们一路推进儿童课程的足迹。

回顾建校时光，在课程改革之路上，我们迈着坚实的步伐，在不断探索的过程中，收获着幸福的喜悦。我们不断在课程改革的路上读懂儿童，尝试着用学生的视角重组和构建课程，让课程更适合儿童的发展。在智慧课程的实施过程中，原本封闭的思路打开了，学科之间的交流活跃了，学生的学习深入了，课程改革绽放出生命的精彩。

读懂学生课程，让课程立足于学生的发展；读懂学生课程，让教师在课程实施中心中有学生；读懂学生课程，让教育多了一些以人为本。这样的课程，打开了学生未知的世界，把学习和儿童自身的生活方式结合起来，让金水区实验小学的儿童一脸阳光，憧憬着走向远方。

我们将课程改革的坚实步伐整理成册，为学校献礼。在本书出版之际，我们特别感谢单留玉校长一如既往地支持课程改革，感谢我校闫彦、孙新玲、梁宁莹、鲍筱薇老师在编校中付出了大量的时间和精力，感谢二年级全体教师提供的大量鲜活案例，大家的智慧使本书的观点更加鲜明。感谢大象出版社让本书更精美。对于一线教师而言，课程研发、实施还不够缜密，还存在一些问题，但我想即使不完善，先做起来比什么都重要。如果有什么不合适的地方，敬请大家批评指正。